2022年度教育部人文社科基金项目

《数据生产要素对中国经济增长的作用研究》

（项目号：22YJC790133）

数据生产要素对中国经济增长的作用研究

王亚丽◎著

中国纺织出版社有限公司

内 容 提 要

本书以数据生产要素为出发点，以数据生产要素对经济增长的作用为主要研究对象，以马克思主义政治经济学为指导思想，以要素禀赋理论、创新理论、经济增长理论、制度理论以及发展理念理论为支撑，综合运用文献研究法、比较分析法、逻辑演绎法、实证分析法等方法，梳理当前数字经济背景下中国经济发展存在的问题以及数字经济发展带来的新变化，以数据生产要素的特征和价值贡献为切入点，分析数据生产要素对中国经济增长的影响及影响方式和影响途径。

图书在版编目(CIP)数据

数据生产要素对中国经济增长的作用研究 / 王亚丽著. -- 北京：中国纺织出版社有限公司，2024. 7.
ISBN 978-7-5229-1969-0

Ⅰ. F124.1

中国国家版本馆 CIP 数据核字第 2024W9G111 号

责任编辑：段子君　曹炳镝　责任校对：王蕙莹
责任印制：储志伟

中国纺织出版社有限公司出版发行
地址：北京市朝阳区百子湾东里 A407 号楼　邮政编码：100124
销售电话：010—67004422　传真：010—87155801
http://www.c-textilep.com
中国纺织出版社天猫旗舰店
官方微博 http://weibo.com/2119887771
天津千鹤文化传播有限公司印刷　　各地新华书店经销
2024 年 7 月第 1 版第 1 次印刷
开本：710×1000　1/16　印张：9
字数：200 千字　定价：99.90 元

前 言

当前，我国经济再次站在了新的历史交汇期。在国际、国内经济形势错综复杂的背景下，我国面临经济增长方式转变、增长动能转换等多项挑战。与此同时，全球正在经历一场大范围、深层次的科技革命。随着人工智能、区块链、物联网等新技术的不断涌现，信息技术的更新换代加速，数字经济迸发出前所未有的活力，发展速度之快，辐射范围之广，影响程度之深前所未有。数字经济正推动生产方式、生活方式和治理方式深刻变革，成为重组全球要素资源、重塑全球经济结构、改变全球竞争格局的关键力量。本书正是基于数字经济背景，结合笔者近些年教学、科研所感所得，也是2022年度教育部人文社科基金项目《数据生产要素对中国经济增长的作用研究》(项目编号：22YJC790133)的研究成果。

2020年4月9日，《中共中央　国务院关于构建更加完善的要素市场化配置体制机制的意见》对外公布，首次将数据作为一种新型生产要素写入文件中，与土地、劳动、资本、技术等传统要素并列。博鳌亚洲论坛于2022年4月发布的《亚洲经济前景及一体化进程2022年度报告》显示，中国数字经济规模目前位居全球第二，增速位居全球第一。数据生产要素潜能不断释放。数据生产要素是生产要素的重要组成部分，也是当今数字经济和信息社会的基础，具有很高的潜力和价值。数据要素的重要性在于它是数字化时代的核心资源，是推进数字化转型和数字经济发展的基础。数据的收集、处理、分析和应用已经成为现代社会中不可或缺的环节。随着信息技术的发展和互联网的普及，数据要素的数量和质量得到了极大提升，数据已经成为各行各业的重要资产和核心竞争力。数字经济是一个庞大的市场，也是一个充满机遇和挑战的领域，我们要积极适应数字化转型，不断提升数字化能力，才能把握数字经济带来的机遇。

本书以数据生产要素为出发点，以数据生产要素对我国经济增长的作用为主要研究对象，以马克思主义政治经济学为指导思想，以要素禀赋理论、创新理论、经济增长理论、制度理论以及新发展理念等理论为支撑，综合运用文献研究法、比较分析法、逻辑演绎法、实证分析法等方法，梳理当前数字经济背景下中国经济发展存在的问题以及数字经济带来的新变化，以数据生产要素的特征和价值贡献为切入点，分析数据生产要素对中国经济增长带来的影响及影响方式和途径，进一步对数据生产要素对中国经济增长的影响做实证研究。结果表明，数据生产要素可以显著促进中国经济增长，并且政府和市场对于数据生产要素给经济增长带来的影响存在门槛作用，当政府效率和市场化水平不断提升跨越门槛值后，数据生产要素对经济增长的促进作用会进一步增强。空间杜宾模型结果表明，数据生产要素对经济增长存在显著的空间溢出效应。基于机理分析和实证分析结果，结合中国经济发展现状，从积极发展数字经济，构建数字化治理新架构；健全数据基础性制度，促进数据要素与其他要素深度融合，形成数据驱动创新发展新模式；促进数字产业化和产业数字化等方面相互促进、协同发展，以我国数据生产要素转换为发展动能，推动经济增长提供具体的政策建议。数字经济作为一种新型经济形态，依托互联网、大数据、人工智能等数字技术，涉及专业技术领域诸多问题，受专业及文字功底所限，文中难免存在不足不妥之处，恳请广大读者批评指正。

王亚丽

2024 年 3 月

目　录

第 1 章　导论…………………………………………………………………………………………… 1
1.1　研究背景及问题的提出 ………………………………………………………………………… 1
1.2　研究意义………………………………………………………………………………………… 2
1.3　国内外研究综述 ………………………………………………………………………………… 2
1.4　研究方法与研究思路 …………………………………………………………………………… 9
第 2 章　数据生产要素与经济增长的基本理论研究……………………………………………… 11
2.1　相关概念界定…………………………………………………………………………………… 11
2.2　理论基础………………………………………………………………………………………… 15
2.3　数据生产要素贡献的经济学分析……………………………………………………………… 19
2.4　小结 ……………………………………………………………………………………………… 26
第 3 章　生产要素升级推动经济增长机理分析…………………………………………………… 27
3.1　生产要素升级的实现机制……………………………………………………………………… 27
3.2　生产要素升级与新兴产业布局………………………………………………………………… 32
3.3　生产要素升级与产业结构优化………………………………………………………………… 38
3.4　生产要素升级与经济增长……………………………………………………………………… 40
3.5　进一步分析：产业政策的作用………………………………………………………………… 42
3.6　小结……………………………………………………………………………………………… 46
第 4 章　数字经济背景下中国经济增长问题分析 ……………………………………………… 47
4.1　国际经济环境的新变化 ………………………………………………………………………… 47
4.2　中国经济增长基本状况与生产要素使用情况 ………………………………………………… 54
4.3　数字经济背景下经济增长的新变化 …………………………………………………………… 64
4.4　数字经济背景下生产要素的新变化 …………………………………………………………… 69
4.5　小结 ……………………………………………………………………………………………… 72

第 5 章　数据生产要素影响经济增长的主要机制探析 …… 73
5.1　与其他生产要素协同联动机制 …… 73
5.2　优化要素结构 …… 75
5.3　数字产业化和产业数字化 …… 76
5.4　数字政府 …… 79
5.5　小结 …… 81
第 6 章　数据生产要素影响中国经济增长的实证分析 …… 83
6.1　实证设计 …… 83
6.2　实证结果分析 …… 85
6.3　结论与对策建议 …… 92
6.4　进一步研究：数据生产要素对绿色转型的影响 …… 93
6.5　小结 …… 98
第 7 章　数据生产要素带来的变革及应用案例 …… 99
7.1　数据生产要素带来的变革 …… 99
7.2　风险 …… 106
7.3　案例 …… 108
7.4　小结 …… 115
第 8 章　数据生产要素推动经济增长的实现路径 …… 117
8.1　积极发展数字经济，构建数字化治理新架构 …… 117
8.2　健全数据基础性制度 …… 120
8.3　促进数据要素与其他要素深度融合 …… 122
8.4　促进数字产业化和产业数字化 …… 124
8.5　小结 …… 127
参考文献 …… 129
后　记 …… 137

第1章　导论

1.1　研究背景及问题的提出

改革开放以来，中国经济破浪前行，经济实力取得了历史性跃升，随着国际、国内经济环境的变化，我国经济已由高速增长阶段转向高质量发展阶段，传统经济增长方式所依靠的生产要素高投入、高积累已不符合当下经济发展阶段的要求，也无法推动经济可持续发展，因此，转变经济增长方式，全面推进创新驱动是未来我国经济建设的重心。21世纪以来，全球数字经济呈现飞跃式发展。数据作为数字经济中的核心资源，凭借其独特的价值在当代经济生活中发挥重要作用。2020年3月发布的《中共中央　国务院关于构建更加完善的要素市场化配置体制机制的意见》首次将数据与土地、劳动、资本、技术等传统要素并列为生产要素，提出“数据是国家基础战略性资源和重要生产要素”。“十四五”规划和2035年远景目标纲要提出，要充分发挥海量数据和丰富应用场景优势，建立健全数据要素市场规则。如今，数字化浪潮滚滚而来，我国发展新动能持续壮大，深刻影响着新时代社会和经济的发展。“十四五”时期，数字经济将迈向全面扩展期，为转变经济增长方式提供了新的技术基础。数字经济时代，数据的使用和作用得到了极大的发挥。数据的收集、存储、加工、统计、分析能力不断提高，当数据中包含的有效信息能够真正地被提取出来并且为经济发展所用，就逐渐具有了生产要素的使命，成为同劳动、资本、土地、技术等传统生产要素相并列的现代生产要素。那么，数据作为一种新的生产要素，它的主要特征与对经济的推动效应是什么？如何正确认识数据作为生产要素的经济价值？数据生产要素对于我国经济增长的作用机制是什么？数据生产要素的竞争规制困境是什么？如何构建与数字经济发展相适应的保障体系？这些问题就成为落实数字中国战略、转变我国经济增长方式、实现经济高质量发展亟须解决的重要课题。

1.2 研究意义

1.2.1 理论意义

1）从政治经济学角度明确了数据生产要素的贡献属性和贡献内容，丰富了生产要素发展理论。

2）构建数据生产要素驱动经济增长的多维模型，并分析数据要素对区域经济增长的门限效应，不仅创新和丰富经济增长相关理论体系，也拓展了应用研究边界。

1.2.2 现实意义

1）有利于系统了解数据生产要素的作用机制，明确路径转型关键抓手。研究过程及研究成果关乎数据生产要素驱动经济增长的基本思路和路径，为我国利用数据生产要素作为经济增长新动能提供一种具有创新性和可操作性的分析手段和思路。

2）有助于落实数字中国战略，推动我国经济高质量发展。数据是“新型生产要素”“关键生产要素”“现代生产要素”，学者们研究其发展规律，把握好数字时代未来发展的方向，有助于为相关部门确立数字中国战略提供理论依据和实践参考，实现《中共中央关于制定国民经济和社会发展第十四个五年规划和二〇三五年远景目标的建议》中提出的“加快数字化发展”的目标任务。

1.3 国内外研究综述

当数据生产要素成为推动数字经济时代经济增长的关键要素时，大量数据生产要素对经济增长影响的相关研究涌现。笔者整理文献后发现，关于“数据生产要素”的研究视角主要集中在以下三方面。

1.3.1 关于数据生产要素的分析

数字经济时代，数据在社会生产中的作用日益凸显，学者基于不同视角围绕数据生产要素问题展开研究，形成了一系列有价值的成果，具有十分重要的理论和现实意义。

（1）数据生产要素的形成与发展

“数字经济”一词最早出现于20世纪90年代，因美国学者唐·泰普斯科特

（Don Tapscott）1995年出版的《数据时代的经济学：对网络智能时代机遇和风险的再思考》一书而开始受到关注。中国数字经济自2003年进入高速增长期以来，有关数字经济的新业态不断涌现。然而，我国首次将数据正式纳入生产要素范围是在2019年10月。党的十九届四中全会首次将“数据”作为生产要素之一参与分配，这标志着我国正式进入“数字经济”红利大规模释放的时代，“数据”作为生产要素，已经从投入阶段发展到产出和分配阶段。随后，学者们围绕数据生产要素的产生与发展进行了大量研究。琼斯和托内蒂（Jones and Tonetti，2020）研究了数据进入生产过程的基本模式，进而定义了作为生产要素的数据，认为“数据”可以被视为“信息”中不属于“创意”和“知识”的那部分。宋冬林、孙尚斌、范欣（2021）认为数据成为生产要素符合马克思主义生产要素理论的根本特征，数据区别于传统生产要素的特殊性使其成为现代生产要素，他们从数据成为现代生产要素的理论逻辑、历史逻辑、现实逻辑三方面分析了数据成为现代生产要素的理论科学性、历史必然性和现实必要性。张存刚、韩浩星（2021）将数据视为数字经济时代特有的除土地、劳动、资本、企业家才能之外的第五要素。程森奇（2022）回顾了数据生产要素的发展历程，发现经济社会发展的数据需求推动着数据生产要素的发展，认为数据生产要素的发展将在路径、类型、应用等方面，高度契合经济社会发展的需要。梁继（2022）对数据演进为生产要素的成因进行了分析，指出在经济学理论发展进程中，人们对生产要素构成的认知发生了诸多变化，市场经济具有不确定性，而数据是消除不确定性的来源，具有信息商品的属性，因此，数据成为生产要素具备了理论可能性，他还指出，数字经济时代，数字化的数据是数字经济的血液，数据具备了作为生产要素的必要条件。王凯军（2023）认为研究生产要素的理论始终与经济增长相联系，将数据纳入经济增长的范围是时代所需，数据成为生产要素不仅具有历史必然性，同时具有现实必要性，表现在：一方面，从数据生产力发挥层面看，具有现实性；另一方面，数据成为生产要素与我国数字经济发展的现实紧密相连。所以，数据作为一种重要的资源，成为生产要素之一已是必然。

（2）数据生产要素的作用

早在20世纪末，夏皮罗、哈尔（Shapiro C，Hal V，1998）对决定数据要素价格的因素、数据的搜索成本和转化成本、数据的需求等方面进行了前瞻性分析，认为数据对产业结构和市场结构的影响在于数据对其他生产要素具有联动作用，通过规模经济、范围经济及网络效应成为其他要素流转的纽带。数据生产要素不仅是数字经济时代的特殊和关键生产要素，而且能够与其他传统生产要素相融合，改变传统生产要素对经济增长作用的方式和程度，以新的要素组合和要素结构，发挥倍增作用，释放数据红利。数据与其他生产要素相融合，可以表现为以下三种形式：第一，数据与劳动的融合。马克思提出的“劳动过程三要素说”认为，“劳动过程的简单要素是：有目的的活动或劳动本身，劳动对象和劳动资料”。数据与生产活动相结合，推动劳动工具、劳动者、劳动对象加速革新，促进生产力变革和生产方式重构。数据驱动制造业生产、研发、设计、运营、服务改善，通过制造业数字化转型转变甚至颠覆传统的业务模式、商业模式、管理模式和组织模式，助力我国建设制造强国和网络强国。第二，数据与资本相融合，“倒逼”数据成为生产要素的数字基础设施和数字技术的发展以资本投入为基础，数字技术与资本结合形成数字化资本（黄鹏，陈靓，2021）。数字化重塑金融业竞争新格局，并带来资本市场新变革。第三，数据与技术相融合。数据与技术的关系更加密切，数据既是技术应用的成果，又是技术应用的对象。技术的发展使数据的获得更加容易，同时能从已有的数据中得到以前不能发现的结论，因而数据依托技术，才成为大数据应用的核心要素，也是大数据产业发展的关键。从经济学的整体发展趋势来看，关于数据生产要素对经济、生产作用的研究热点已经形成，一批重要的文献正如雨后春笋般不断出现。裴长洪、倪记飞（2019）认为，“对于这些生产过程来说，决定生产率高低的是数据信息及其传送这一技术手段”。吴欢、卢黎歌（2016）认为，数据是一种可以和土地、资本等相提并论的生产要素，“数据虽然不能生产新物质产品，但能够提升生产力”。菲利普·斯塔布（2019）也认为，可以利用数据信息发展新技术以提高劳动生产率。大数据引发的技术转型如同历史上多次出现的一般通用技术变革，它使发明新产品和实现新的生产过程变得容易，带来新的次生创新并促进长期经济增长（Aghion and Howitt，1998；Schaefer et al.，2014）。

大数据和实体经济之间的融合能够在相关领域挖掘出更多经济增长点，成为未来相当长一段时间内国民经济发展的重要突破口。段晓庆（2023）认为，大数据对经济发展所能产生的作用是一个宏观命题，数据如何推动内生经济的增长还需经过充分的理论研究和论证。宋洋（2019）认为数字经济实质上是以信息及相关技术为核心的经济活动，信息以数字的形式在数字经济中发挥基础性作用，在消费和生产过程中持续产生新的信息，实现数字经济的扩张和演化。罗培、王善民、王宇声等（2020）指出数据是一种新的生产资料、新的“资产”、新的“资本”，这是数据生产要素发挥作用的三个层次。这三个层级既可以单独作用，也可以通过叠加而发挥更大的作用。对现有文献的梳理可以看出，学者们数据生产要素的积极作用已经形成共识，并且大数据作为生产要素的内生增长理论框架已经形成。杨俊、李小明、黄守军（2022）将大数据内生化引入生产函数，构建了新的多部门熊彼特质量阶段增长模型，理论演绎大数据促进中间品质量阶梯提升高度的“乘数作用”和引起“研发模式转型”，从理论层面论证了数据生产要素对于经济增长的内生作用，为大数据发展提供了理论支撑。综合现有相关文献发现，数据生产要素的作用主要是基于信息技术实现效率的提升。数据产生要素在数字经济的发展过程中起着关键作用，同时对传统生产要素产生重要影响，展现出了巨大价值和潜能。但是理论研究需综合实证检验，本书也将对数据生产要素对经济增长的影响展开实证研究。

（3）数据作为生产要素参与分配

数据生产要素分配的实质就是分配给谁，分配多少，如何分配的问题，回答这一问题，需要将其置于我国的分配制度中进行考察。基于我国处于社会主义初级阶段的现实国情，我国社会主义初级阶段的生产资料所有制结构、发展水平以及劳动差别的存在决定了我国的分配结构，即实行以按劳分配为主体，多种分配方式并存的分配制度，这也是发展社会主义市场经济的客观要求。具体来说，分配方式有，按劳动、资本、土地、知识、技术、管理等生产要素分配，由市场评价贡献，按贡献决定报酬。数据作为生产要素参与分配是迎合时代发展的结果。

操奇、孟子硕（2020）分析了数据作为生产要素参与分配机制的基本内涵和意义，指出数据作为生产要素参与分配机制意味着数据的生产要素属性提升，数据成为经济发展新旧动能转变的有力支撑，并且将极大地促进数字产业的发展，提高整个社会的生产效率。林琦杰（2022）指出数据要素参与分配有利于激发劳动者的工作热情和创新活力，培养出更多数据人才，有助于激发企业的活力和产业数字化水平的提升。牛凯功、黄再胜（2021）从海量数据的生成阶段，海量数据收集、存储、加工、处理等生成数据生产要素的阶段以及将数据生产要素投入社会再生产过程的阶段这三个阶段分析了数据生产要素参与分配的实现形式。庄子银（2020）指出了数据作为生产要素参与分配可能存在的问题，认为它会带来隐私泄漏风险、数据滥用等违法犯罪行为的多发、国家安全问题及加大收入差距等一系列问题。可见，学者们对于数据生产要素参与分配的理论依据、实现形式等问题进行了大量研究，但总体呈现观点众多、共识不足的局面。譬如，关于数据生产要素参与分配是因为其创造了价值还是使用价值这个问题，仍有较多争议。庄子银（2020）认为应该将数据作为劳动创造价值参与分配，数据要素按贡献参与分配实质上是一种按劳分配。黄再胜（2017）对数字劳动进行了界定，认为数字劳动与雇佣劳动制度下的复杂劳动并无二致，在商品价值生产和价值实现的界限趋向模糊化的情况下，数字劳动不仅参与价值创造，还助推价值实现。而戚聿东、刘欢欢（2020）却认为，数据是可以创造财富的。戚聿东、刘欢欢将数据分为个人数据和增值数据两种类型，指出增值数据使用价值密度极高，是数字经济中的关键生产要素，其产生主体数据控制者在获取增值数据的产权后可以在要素市场上获得经济利益。蒋永穆（2020）指出，数据要素越来越成为一种生产力，成为创造财富的一种手段，在明确数据所有权归属的情况下，必须承认数据可以作为生产要素参与分配。可见，关于数据生产要素分配的依据是创造价值还是创造使用价值的问题仍然是学术界讨论的热点话题。那么，哪一种观点是科学的？回答这个问题需要我们以马克思主义为指导，正确认识数据生产要素的贡献。因此，厘清数据生产要素的贡献内容和贡献属性也是本书要解决的一个重要问题。

1.3.2 数据生产要素对经济增长作用机制的研究

通过以上文献综述可以发现，基于数据生产要素的作用，构建相适应的经济增长理论框架，以反映数据生产要素驱动经济增长的机制，同样是目前迫切需要研究的热点问题。

数据生产要素对经济增长质量的影响不仅体现在提高劳动力、资本等生产要素的效率方面，还体现在通过生产要素之间的替代和精准匹配达到资源的最有效配置方面（王娟，2019）。一些国外学者的关注点在于生产要素的数字化升级能否帮助发展中国家实现赶超战略。埃通迪等人（Etoundi，Onana and Olle，et al.，2016）认为数字经济是发展中国家追赶发达国家的新契机。刘淑春（2019）对比全球主要国家数字经济战略的图谱后发现，数据生产要素对经济增长的影响不受空间限制，当前各国已经将数字经济上升到技术创新、产业升级的重要战略高度。那么，数据生产要素影响经济增长的内在逻辑和作用机制是什么？一些学者从理论机制角度进行了分析。荆文君、孙宝文（2019）认为数据生产要素促进经济增长的微观机理在于互联网、大数据、云计算等技术形成了经济增长所需的规模效应和长尾效应。宋洋（2019）基于数字经济高成长性、强扩散性和降成本性等特征，探讨了数字经济对经济发展外在表现和内生动力的影响，研究结果表明，数字经济可以在多个维度和层次上促进经济发展质量的提升，体制机制创新在此过程中发挥重要作用。徐翔（2021）分析了数据生产要素对企业决策与生产效率的影响，与数据要素相关的产业组织问题，金融市场中数据所发挥的降低信息摩擦作用等问题。陈力（2023）分析了数字经济推动高质量发展的内在机理，认为数字经济推动高质量发展产生了质量变革、效率变革以及动力变革，成为推动高质量发展的重要引擎。欧阳日辉、荆文君（2023）梳理了中国数字经济发展的历程、特征和经验，认为中国数字经济经过跟随、并跑、领跑，如今在全世界范围内已经处于领先地位，但是鲜有文献分析中国数字经济实现赶超的内在机理，因此，本书从禀赋优势、后发优势、优势关联角度分析了中国数字经济的内在逻辑，并且指出良好的政府与市场的关系在中国数字经济的扩张、逼近、跃迁过程中起到了很好的作用。

另一些学者主要从数理模型角度进行了分析。杜秦川（2022）通过构建包含数据要素的经济增长模型阐明了数据要素对于推动经济数字转型以及改善经济治理和效率的作用。李治国、王杰（2021）构建了数字经济发展、数据要素配置影响制造业生产率的理论模型，考察数字经济发展对制造业生产率的影响。研究显示，数字经济发展不仅能提升制造业生产率，而且可以优化数字要素配置，数据要素优化配置在数字经济发展提升制造业生产率的过程中具有显著的渠道效应。丛林、谢丹夏、张龙天（Cong L W，Xie D，Zhang L，2021）构建了包含数据生产要素的内生增长模型，认为数据可以为最终产出做贡献，实现经济增长。徐翔、赵墨非（2020）将数据化的生产要素定义为数据资本，将其引入内生增长模型，不仅从理论上说明了数据生产要素在推进我国高质量发展过程中，相较于传统生产要素，发挥了更大的作用，而且分析了数据资本对经济增长的直接影响和溢出效应。刘文革、贾卫萍（2022）在对新古典生产函数以及新结构生产函数进行拓展的基础上，考察了数据要素积累影响经济增长的理论机制。

以上学者大多肯定了数据生产要素对经济增长的促进作用，也有文献指出了数据生产要素对经济增长可能带来的风险和负面影响。孙辰朔、林志杰（2023）指出，由于对数据的依赖而产生的数据安全风险、网络安全风险等可能会放大经济系统的脆弱性。蒋永穆、亢勇杰（2022）从数字垄断、数字鸿沟、数字壁垒等方面指出了数字经济有可能带来的风险。这就要求我们在数字经济浪潮中推动经济增长牢记中国特色社会主义的本质要求，坚持辩证思维和整体思维，及时化解各类风险，把握数字经济推动经济增长的战略主动。

从现有的研究成果来看，数据生产要素成为关键生产要素是社会生产关系演进的结果，微观层面对经济产生了深刻影响，然而数据生产要素与其他传统生产要素的作用机理、数据生产要素参与生产以及对生产函数的贡献及外部性等问题的研究仍显得分散，不够系统，而这些理论性问题是开展数字经济相关研究的基础。

1.3.3 数据生产要素驱动经济增长的路径研究

研究数据生产要素推动经济增长的路径是当前经济学领域的热点话题。戴双兴（2020）指出，要坚持把数据资源作为关键生产要素，加快推进数字产业化，加快推动传统产业的数字化转型，探索要素驱动经济高质量发展的新模式。杜秦川（2022）分析了当前制约中国经济数字化转型的因素，从促进数据与资本结合释放合力，加强数据开发运用相关人才培养，加大数据相关科技投入与应用等方面提出相应政策建议。顾伟忠（2021）通过实证研究探讨了数字经济如何推动经济转型升级以及转型路径，认为数据要素可推动传统生产要素与生产水平突破界限，实现裂变式的指数增长，从经济发展方式、经济增长结构、经济增长动力方面提出了具体的经济增长路径。陈力（2023）从数字经济为构建高水平社会主义市场经济体制、建设现代化产业体系、全面推进乡村振兴、促进区域协同发展、推进高水平对外开放赋能五个方面提出了数字经济推动高质量发展的实践路径。欧阳日辉、荆文君（2023）认为以数据生产要素促进经济跨越式发展的逻辑存在断点的风险，体现为禀赋优势与发展路径依赖性的矛盾，引入新型生产要素与市场主题转型惰性的矛盾，不够完善的创新激励体系与创新内生动力不足的矛盾，指出必须加大力度培育大型数字平台、数字化转型大企业，发展前瞻性技术和新型应用模式，多措并举增强数字经济发展内生动力，这样才能进一步实现跃迁与赶超。张鸿、王帅（2020）从推动数字要素优化配置、加快新基建、补齐关键技术短板、加快布局数字经济应用融合新链路、构建数字化治理新架构五个方面提出了数据要素推动经济社会高质量发展的路径。刘文革、贾卫萍（2022）结合数字经济时代我国的经济现实，提出了加大数据要素投入和加快经济结构变迁的政策建议。其中，加快经济结构变迁是作者在拓展新结构生产函数基础上得出的重要结论，因为改革开放后中国经济增长主要得益于结构变迁，由数据生产要素带来的数据密集型结构变迁同样是带动经济增长的主要路径。

对国内外有关数据生产要素对经济增长的相关文献的梳理与分析，旨在揭示数据生产要素的内涵，探索数据生产要素影响经济增长的路径，并提出未来有关数据生产要素值得深入探究的方向。事实上，目前对于数据生产要素的研究已经取得了一些关键性的突破，对于数据生产要素的贡献、数据要素对于经济发展的作用机制以及数据生产要素推动经济增长的实现路径，均形成了一系列具有重要意义的理论与实证成果。现有研究的主要局限在于：数据作为生产要素在社会生产中的贡献属性问题、贡献内容问题尚不明确；数据作为生产要素改变社会生产活动，引发生产关系的重大变革等问题的理论依据以及实现形式等方面尚未形成共识；有关数据生产要素影响经济增长的机理及数据生产要素价值衡量的相关研究仍不够清晰和深入。因此，当前亟须进一步研究的问题有：数据生产要素的特征及优势是什么？如何正确认识并有效释放数据生产要素价值？如何激发经济增长新动能？这些问题已成为数字经济背景下，我国能否实现经济高质量发展至关重要的问题。

1.4 研究方法与研究思路

1.4.1 研究方法

本书主要采用以下三个研究方法。

（1）文献研究和比较分析法

检索并梳理国内外有关数据生产要素、经济增长与发展等研究文献，通过对文献的比较分析，把握研究动态和数据生产要素推动经济数字化的发展趋势，构建数据生产要素作用于经济增长的理论模型，对传统生产要素与数据生产要素对于经济增长的作用方式进行比较分析，总结数据生产要素的赋能特性、作用于经济的主要方式及竞争规制困境。

（2）逻辑演绎法

本书从生产要素角度研究经济增长问题，将以数据生产要素为新的增长动力看成是要素结构变化的一种情况，数据生产要素不仅能够作为独立的生产要素发挥作用，而且能够作用于传统生产要素，实现全要素数字化，进而促进经济增长。本书在分析这些内在关联机制时，使用了逻辑演绎的方法。

（3）实证分析法

为了充分检验数据生产要素对中国经济增长的作用，本书构建基准回归模型、面板门槛模型、空间杜宾模型，从不同方面验证数据生产要素对于中国经济增长的影响效应。

1.4.2 研究思路

本书遵循“理论框架—机制探索—影响效应—风险研判—路径研究”的基本思路，从数据生产要素的基本内涵与数据生产要素影响经济增长的理论逻辑出发，阐明数据生产要素影响经济增长的主要机制，对数据生产要素与经济增长的关系进行实证研究，并且分析了数据生产要素带来的变革及部分应用案例，研判潜在风险和挑战，最后有针对性地提出数据生产要素推动经济增长的实现路径。

第 2 章　数据生产要素与经济增长的基本理论研究

2.1　相关概念界定

2.1.1　生产要素

生产要素是经济学的一个基本范畴，是经济研究的基本出发点之一。生产要素作为经济增长的主要驱动因素，成为研究经济增长问题所关注的基本对象。生产要素是对经济活动投入资源的形象概括。

人们对生产要素的认识随着经济的发展经历了一个逐步深化的过程。关于生产要素的研究最早是关于土地和劳动要素的论述。威廉·配第（1662）在《赋税论》中提出了“土地是财富之母，而劳动则为财富之父和能动要素”的著名论断，提出土地和劳动是物质资料生产的两大生产要素，威廉·配第关于生产要素的论述是只涉及土地和劳动的两要素论。18 世纪，亚当·斯密（1776）扩展了威廉·配第的两要素论，他认为资本要素同劳动、土地共同构成商品价格的来源，并提出了三要素论。让·巴蒂斯特·萨伊（Say Jean Baptiste）（1803）的三要素论则更加明确，提出劳动、资本和土地是最基本的创造价值的生产要素。20 世纪中期，戈特哈德·贝蒂·俄林（1955）将技术、管理因素视为经济增长的第三源泉，认为技术、管理因素同劳动、资本要素一样，对物质资料生产产生重要作用，进一步拓展了生产要素的种类。进入 21 世纪以来，以物联网、云计算、区块链、人工智能等为标志的新一轮科技革命持续深入，数据在社会生产中的作用日益凸显，被广泛地视为一种新的生产要素。总的来看，生产要素经历了从二元论到五元论的发展阶段。生产要素的种类是随着经济发展的时代特征变化而不断变迁的，农业经济时代的核心生产要素是土地，工业经济时代的核心生产要素是资本和技术，随着云计算、互联网、大数据、人工智能等数字技术的快速创新与应用，人与人、人与物、物与物之间的联系方式和规则都发生了前所未有的变化，数字经济的到来，生产要素的种类又得到了拓展，数据技术的发展伴随着数据应用需求的演变，影响数据投入生产的方式和规模，数据在相应技术和产业背景的演变中逐渐成为促进生产的关键要素。笔者认为，随着经济的不断发展，生产要素的种类将不断变化和更新。

2.1.2 数据生产要素

数字化、网络化、智能化的实现离不开数据这一全新的生产要素，它已经在生产、分配、流通、消费以及社会服务管理等方面快速渗透，深刻地改变了人们的生产、生活和社会治理方式。在数字经济时代，数据表现为数字化的知识和信息，它不仅来源于个人的日常生活和社会活动，还来自对平台公司、政府和商业机构提供的服务的统计和收集。数据的产权属性通常很难确定，互联网的广泛应用，使得数据权利的确认更加困难。目前，关于数据生产要素的概念，学界尚无统一定论。通常，学者们大多从“原始数据—信息—知识”的角度来理解数据生产要素，把数据看成是信息的表现形式或者数字化的载体，只是它们所涵盖的内容不同。一些学者认为，数据这一生产要素是指除创意、知识以外的其他信息，它本身不能直接应用于经济物品的生产，但它可以在生产中产生新知识，也可以预测市场走势从而引导经济物品的生产；也有些学者把数据看作是一种已经被记录下来的可以存储、传递或者加工的数字化形式观测结果，从这些观测结果可以获取信息与知识来支持决策，所以，数据是信息的载体。本书结合数据的信息属性和经济属性，认为数据生产要素是一种以电子形式参与社会生产经营活动，并给使用者或者所有者带来经济效益而发挥重要价值的资源，对驱动经济增长起关键作用的数字化知识和信息，同时，数据对土地、劳动、资本、技术等传统生产要素作用于经济发展的方式和程度产生了深刻影响，展现出巨大的价值和潜能。

2.1.3 生产要素增长和升级

由生产要素的含义和种类可知，生产要素的数量不一定能够持续增长，例如土地、水、矿物等不可再生的自然资源是社会生产不可缺少的生产要素，其数量会随着消耗而减少。而劳动要素和资本要素数量的增加将极大提高一国生产产品和劳务的能力，促进经济增长。当然，从更长期的时间维度来看，劳动要素的数量有可能减少。下面，笔者以劳动和资本要素为例，分析由要素数量变化带来的产品要素密集度的变化。

（1）随时间变化的劳动增长与资本积累

随时间变化的劳动与资本禀赋的增长导致生产可能性曲线外移，外移的形状取决于劳动和资本增长的比率。如果二者增长比率相同，生产可能性曲线按两个的增长比率同时向两个方向外移，新旧两条曲线与任意一条源自原点的射线相交时，两个交点上的切线斜率相同，这便是平衡增长。如果仅是劳动增长或劳动的增长比率大于资本增长比率，劳动在一定程度上可替代资本，由于劳动投入于两种产品的生产过程，所以两种产品产量均会增加，但是，劳动密集型产品 X 的增加将会快于资本密集型产品 Y 的增加。如果仅资本要素增长，情况正好相反。

图 2-1 表明了假设 A 国各类要素增长情况。

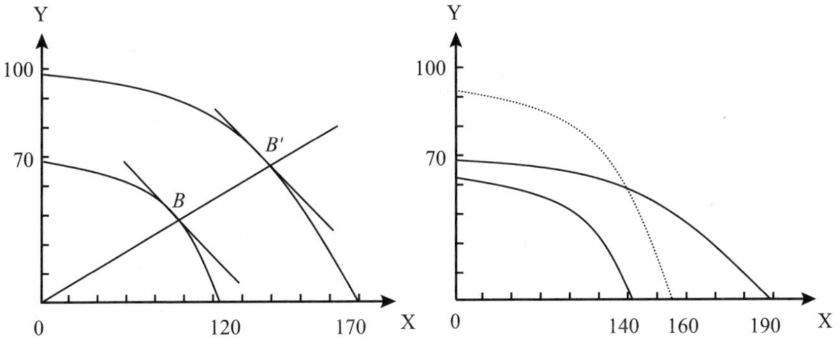

图 2-1　生产随时间变化劳动与资本的增长

图 2-1 左图表明，假设 A 国的劳动与资本两要素都增加一倍的平衡增长情况。在规模效益不变的情况下，每一种产品的最大化产量也增加一倍。增长前后的生产可能性曲线形状相同，因此，两条生产可能性曲线的切线斜率在 *B* 点和 *B'* 点相等。这里，*B* 点与 *B'* 点都是生产可能性曲线与一条自原点的射线的交点。右图重复了 A 国增长前的生产可能性曲线，并显示了另两条分别为劳动增加一倍（实线）和资本增加一倍（虚线）时的生产可能性曲线。如果仅劳动增加，曲线更多地向劳动密集型产品 X 方向扩展；如果仅资本增加，曲线更多地向资本密集型产品 Y 方向扩展。

（2）雷布津斯基定理

雷布津斯基定理（Rybczynski Theorem）：假定商品价格不变，如果一种生产要素增加会导致密集使用这种生产要素的产品的产量增加，同时另一产品的产量则减少。例如，A 国的劳动增加，在商品价格不变的情况下，X 的产量（X 为劳动密集型产品）将以更大幅度增加，而 Y 的产量（Y 为资本密集型产品）将下降。

图 2-2 说明了仅有劳动倍增前后，生产可能性曲线变动情况。在增长前，一国确定在 *B* 点（130 件产品 X 和 20 件产品 Y）进行生产。在仅劳动加倍增长时，A 国将在新扩张了的生产可能性曲线的 *M* 点上生产。在 *M* 点，A 国生产 230 件产品 X，但仅能生产 10 件产品 Y。这样，劳动的加倍即从 Y 部门中转移出来的劳动和资本使得 X 的产量增长了一倍，而 Y 的产量下降。

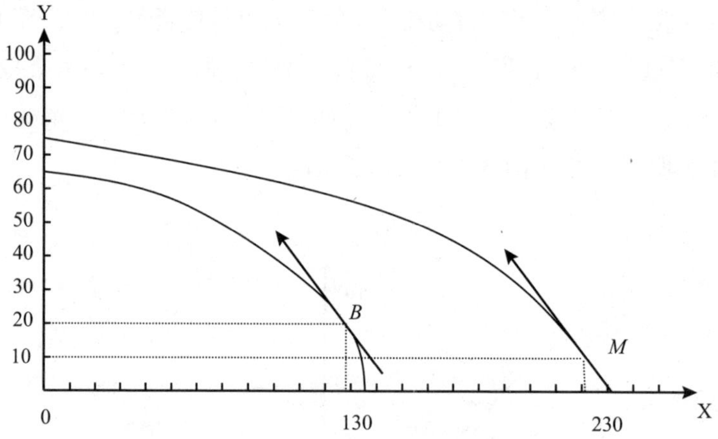

图 2–2　仅劳动增长的雷布津斯基定理

可见，生产要素数量的变化会使产品的产出数量发生变化，同时产品的要素密集度发生变化，实现产品升级。随着经济发展阶段由低级向高级的演进，对经济增长起主要作用的生产要素相应地发生变化。数字经济时代，数据生产要素将成为经济增长的核心要素，不仅实现生产要素的升级，同时带来产品的升级，促进经济高质量发展。

2.1.4　经济增长

经济增长是指在一定时间内，一个经济体内商品和劳务总量的增加，狭义的经济增长是指 GDP 或人均 GDP 的增加。从生产要素的角度来看，经济增长主要取决于生产要素数量的积累、质量的提升、结构的优化，具体体现为自然资源要素、劳动要素、资本要素、技术要素以及其他新要素数量的积累与质量的提升以及制度环境的改善。因此，经济增长离不开决定生产力发展水平的诸多生产要素的扩展与改善。从中国经济的发展历程来看，改革开放以来，中国经济取得了举世瞩目的成就，1979～2020 年 GDP 平均增长速度高达 9.2%，2001～2020 年

GDP 平均增长率为 8.7%。随着国际国内经济环境的变化，我国经济已由高速增长阶段转向高质量发展阶段，从依赖传统生产要素转向依靠科技创新及人力资本，资源环境对经济发展的约束增强，社会主要矛盾发生了变化。数字经济时代，数据生产要素的贡献力不断增强，逐渐成为推动经济结构转型的核心要素，同时也为经济增长方式的转变提供了良好契机。基于这样的立论基础，本书重点讨论数据生产要素对中国经济增长的作用，即经济增长从传统要素投入转向数据生产要素驱动。

2.2　理论基础

2.2.1　要素禀赋理论

20 世纪 30 年代，瑞典经济学家赫克歇尔（Heckscher）和他的学生俄林（Bertil Gotthard Ohlin）提出了要素禀赋理论，这一理论是对古典学派的国际分工理论的一种深化。要素禀赋理论用不同国家生产要素的丰缺解释国际分工产生的原因。要素禀赋理论在各国参加国际分工、专业化生产的依据上，比大卫·李嘉图（David Ricardo）的比较优势理论更为深入和全面，它客观地指出了生产要素的重要地位，认为土地、劳动、资本、技术等要素对于各国的对外贸易有重要作用。因此，要素禀赋理论对于研究以数据生产要素作为经济增长新动力具有重要的启发意义。然而要素禀赋理论亦存在缺陷，要素禀赋理论以要素比例说来反对李嘉图的劳动价值论，抹煞了劳动收入和财产收入的区别，使比较优势理论庸俗化。李嘉图的理论前提是劳动价值论，但是李嘉图在分析具体的交换行为时违背了劳动价值论，李嘉图意识到了这种矛盾，虽然试图予以解释，未能如愿，但是其理论还是以劳动价值论为依据，而要素禀赋理论作为深化了的比较优势理论却完全违背了劳动价值论。马克思主义政治经济学认为，在资本主义剥削体系下，资本的利润、土地的地租都是剥削收入，而俄林则认为它们是正当的收入。要素禀赋理论提倡的要素禀赋决定分工，是静态分析法下的比较优势，没有考虑长期条件下要素结构决定的比较优势的可变性，依据要素禀赋理论指导中国的经济发展时，应从动态角度考虑要素结构的可变性，将不同时期其所对应的要素结构状况决定的比较优势作为经济增长的动力源，才能促进经济的可持续增长。数字经济时代，数据作为一种新的生产要素改变了原有的要素结构，并成为经济增长的关键要素和主要动力。因此，正确认识要素禀赋理论，对于正确认识数据生产要素的经济价值和作用机制，发挥其对经济增长的正向促进作用具有重要的借鉴和警示意义。

2.2.2 创新理论

相对于传统生产要素来说，数据生产要素是随着数字技术的诞生和新的科研成果的应用而出现的新要素，数字产业相较于传统产业，有很大的发展空间，能够带来较大的经济效益，是创新驱动经济发展的强劲动力。数据生产要素是数字经济时代的产物。社会形态的变化会随着新的生产要素的出现，创造出新的经济增长方式。约瑟夫•熊彼特提出的创新理论具有代表性，在经济学中被广泛应用。他开创性地将创新理解为建立一种新的生产函数，将生产要素和生产条件的新组合引入生产体系。熊彼特将创新理论应用到微观经济层面，对于发挥数据生产要素的价值有典型的指导作用。在当前的国际国内经济形势下，如何调整原有经济增长方式，优化产业结构，强化数据生产要素的引擎作用，是中国经济转型发展的重要研究内容。数字经济时代，数据的爆发增长、海量集聚蕴藏了巨大价值，数字产业化和产业数字化是创新经济发展的两条重要途径，数字产业化不仅有利于加快关键核心技术的突破，促进新兴产业的发展，而且能够为产业数字化提供技术支撑和物质基础，推进传统产业的数字化转型。创新，是数据生产要素得以发挥作用的关键，而数据生产要素的应用不仅能够通过赋能使传统生产要素作用得以更大地发挥，而且能够以新的要素组合打破现有的资源约束和发展瓶颈，依靠科技创新培育新的经济增长点。因此，创新数据生产要素应用层次和应用领域是推动我国经济增长从资源依赖转向创新驱动，是实现经济高质量发展的现实需要。

2.2.3 经济增长理论

经济增长理论是研究解释经济增长规律和影响因素的理论。经济增长理论尝试对过去发生的经济现象作出解释，阐明经济增长的源泉。经济增长理论的发展过程就是经济学家不断研究经济增长动因的过程，也是对生产要素认识深化的过程。不同的经济增长理论关注的增长因素不同。马克思的再生产模型是最早的经济增长模型。再生产模型要解决的是两大部类按比例协调发展的问题，是分析国民经济总量与结构问题的理论基础，再生产模型揭示了经济增长过程中保持结构均衡的条件，对再生产模型的进一步推导，可发现经济增长率的规律。亚当•斯密、李嘉图等古典经济学家对经济增长问题都有深入的研究。经济增长模型旨在回答两个问题，一是为什么经济在增长，二是为什么不同的经济体在不同的时期增长速度差异如此之大。1956 年，罗伯特・索洛和特雷弗・斯旺同时提出了索洛斯旺模型（Solow-Swan），将经济增长归因于资本积累、人口增长和技术进步。

围绕经济增长核心因素的研究，经济增长理论经历了古典、新古典、内生经济增长理论等若干阶段，对经济增长源泉的认识也逐渐深化。先从确定劳动在经济增长中的工具地位到强调资本积累作用的资本决定论，再从重视技术进步的作用到强调以知识积累为基础的人力资本的作用，勾勒出一条由“物”到“人”的发展轨迹。在此过程中，技术的地位及其对经济增长的作用也发生了很大变化。技术从外生变量变为内生变量，确立了技术作为生产要素的地位，数字经济时代，数据的作用不仅能够赋能传统生产要素，更在于能够独立作用于经济增长，奠定其作为生产要素的地位。

经济增长理论的发展脉络对于中国经济增长的研究提供了启示，由于经济增长理论的演进源于经济增长方式的转变，我们可通过经济增长理论的发展过程来探寻经济增长动力的变迁。

2.2.4　新发展理念

以“创新、协调、绿色、开放、共享”的新发展理念，既有深厚的历史基础，又是新常态背景下发展经济的客观要求，集中反映了中央对经济社会发展规律认识的深化以及对新时代经济发展动力和方向的精准把握和科学预测。

（1）创新理念

数字经济首先是技术创新的结果，是累积创新引致的集中突破。创新驱动发展是实现经济社会持续发展的重要路径，通过科技创新和技术进步，推动经济增长，不仅是一种发展模式，更是一种战略选择和发展理念。数字经济为创新提供了一个更加广阔的平台。在传统经济中，创新常常受到资源有限和信息不对称等问题的制约，大数据的应用则大大改善了这种局面，使信息获取更加便捷，目标定位更加精准，为创新提供了更多可能性。当然，目前我国许多技术领域仍处于落后水平，一些关键核心技术受制于人，被发达国家“卡脖子”。因此，在这个充满机遇和挑战的时代，我们应围绕“数字中国”战略目标，积极适应数字经济的发展趋势，加大对数字技术的研发和应用，抓住“底层技术”不放松，着力发展能够引领产业变革、改变我国价值链层次的颠覆性技术，以技术的群体性突破支撑和引领数字经济产业集群发展，持续推动经济高质量发展。

（2）协调理念

在数字经济体系中，社会化分工更加细化，社会化协作更加严密，跨界成为常态，平台企业之间的竞争演化为生态圈之间的竞争，数字经济发展过程中必然涉及多方面的协调关系，表现为：其一，数字经济与传统经济的协调问题。一方面，数字经济可以赋能传统产业，提升传统产业的效率和竞争力，实现产业数字化和转型升级；另一方面，数字产业化而带来的新产业，会对部分传统产业造成冲击，使一些传统岗位被替代。因此，我们应把握数字经济的发展节奏和范围，协调好数字经济与传统经济的关系。其二，数字经济内部的横向体系及纵向生态的协调问题。从数字经济产业链来看，产业链上游主要包含数字基础设施与技术研发。数字基础设施是数字经济产业链的基石，包括通信网络、数据中心、云计算平台等，这些基础设施为数字经济的发展提供了技术支持，使用户能够更加便捷地获取和使用数字信息。技术研发是数字经济发展的核心驱动力，它包括人工智能、大数据、区块链、物联网等前沿技术的研发和应用。这些技术的发展为企业创新提供了强大的支持，同时也为数字经济产业链的升级和拓展奠定了基础。产业链中游主要包括数字产业应用与数字服务。数字产业应用是数字经济产业链的重要组成部分，包括电子商务、在线教育、远程医疗等多个领域，这些应用通过数字化手段改变了传统产业的运营模式，达到了降本增效的效果，为用户提供了更加便捷的服务。数字服务是数字经济产业链的价值创造环节，它包括软件开发、系统集成、数据分析、网络安全等多个领域，数字服务为用户提供了专业化的解决方案，帮助他们更好地利用数字技术实现业务创新和价值提升。产业链下游主要包括数字经济发展与政府监管。数字经济发展的最终目标包括产业升级、就业创造、经济增长等方面，它通过推动传统产业的数字化转型，为国家经济增添新的活力，随着数字经济的快速发展，监管政策不断完善，政府部门需要制定相应的政策和法规，确保数字经济的健康有序发展，保护企业和消费者的合法权益。总之，数字经济产业链从上游的数字基础设施建设和技术研发，到中游的数字产业应用和服务，再到下游的数字经济发展与监管，形成了一个完整且相互依赖的生态系统，需要坚持共治共享的协调理念，发挥市场对资源配置的决定性作用，同时更好地发挥政府的统筹规划和有效监管作用。

（3）绿色理念

绿色发展是发展理念和方式的根本转变。数字经济的“去物质化”有助于减少社会经济活动对物质的消耗，进而减少能源消耗，同时数据生产要素通过赋能传统生产要素有助于提高生产效率，促进节能减排。当前，数字经济蓬勃发展，互联网、大数据、5G 等新兴技术与各行业加速融合，日益成为经济社会发展的“数字底座”。用好数字技术，不仅可以节约信息搜寻成本，促进资源的高效利用，减少传统经济对环境的压力，而且能够精准识别、及时追踪新发生的生态环境问题，为环境的科学治理提供支撑，还能够推动数字经济与绿色经济协同发展，为提升生态环境治理体系和治理能力提供新的且高效的方法。

（4）开放理念

开放发展理念，准确把握当今世界和我国发展大势，直面我国对外开放中的突出矛盾和问题，体现了我国对经济社会发展规律认识的深化。“数字丝绸之路”战略完美诠释了数字经济背景下我国对于开放理念的推崇和贯彻。

（5）共享理念

共享是新发展理念的着眼点和归宿，是适应新时代发展的新模式，也将是未来最主要的经济社会发展模式之一。共享经济的发展离不开数字技术的支持。共享经济借助数字平台得以将个人、企业、社群的资源进行整合和匹配，实现资源的高效配置。数字平台提供了供应和需求方的交互接口，使人们能够以便捷的方式共享各种资源，如住房、交通工具、技能等。数字技术在此过程中发挥了重要作用，它们通过提供在线支付、实时定位、智能匹配等功能，使共享经济得以实现。

新发展理念集发展方向、发展目标、发展方式、发展动力、发展路径等于一体。数字经济作为新事物，成长过程中难免会出现一些偏差，对于数字经济的看法，人们喜忧参半。笔者认为，以新发展理念为指导，加快发展数字经济，既是贯彻新发展理念的内在要求，也是化理念为行动的紧迫任务。

2.3　数据生产要素贡献的经济学分析

2.3.1　数据生产要素的特征

数据生产要素的特殊性在于它不像土地、劳动、资本、技术等要素一样可以准确度量，如何正确理解并刻画它，是当前的一个现实问题。

（1）非稀缺性

数据的非稀缺性意味着两层含义：一方面，数据量在当前似乎接近无限发展，虽然实际上储存数据的物理设施终将受到资源总量的限制；另一方面，数据在参与生产过程后依然存在，不会被完全消耗，并且可以多次回收利用，在使用过程中可能会促进数据量的进一步增长，而且不存在污染和排放等问题。相较于传统生产要素而言，数据作为一种新的生产要素，一般情况下可以源源不断地被生产出来，并不会随着使用次数的增多而减少，而是可以反复重复使用。

（2）排他性与非排他性并存

从经济学角度讲，排他性是指从技术上排斥他人使用的可能性，即一个人正在使用一件产品，而其他人就不能同时使用。例如，一块地或者一个矿，一个企业买到使用权或者独家开发权后，其他企业就不能同时使用。非排他性是数据生产要素区别于传统生产要素的一个重要特征，这一特征使其可以被无限制地复制到多个主体中同时使用，即同一数据上可能承载多个主体的数据权利，然而数据产权提出了是否有必要制定排他性权利制度来激励数据的供给与有效使用的重要议题。事实上，数字垄断在实际经济运行中广泛存在。在数字经济发展过程中，随着数据生产要素的重要性不断凸显，有能力掌握和使用海量数据信息的企业，自然能获得更多资源和利润，并在市场竞争中处于优势地位，这些企业和机构更倾向于将数据“储藏”，而非共享。在这种情况下，数据生产要素呈现出高度的排他性，即使将这些数据公开可以创造出巨大的经济利益和社会价值，但现实利益的驱动使得数据生产要素的非排他性特征无法呈现，而表现出的排他性。

（3）可交易性与不可交易性并存

可交易性是指，基于数据要素产权的排他性，数据要素在不同的经济个体之间进行转让。如将数据要素产权进行分割，数据可以在更多经济个体之间进行交易，实现数据要素产权的部分或整体转移，促进数据要素的多元化高效配置。同理，基于非排他性特征，数据要素不具有交易的价值。从非排他性意义上讲，数据只是一种信息或信息产品，并不能作为商品进入市场进行交易。只有对数据进行精细加工，才能使其产生真正的价值，而这些数据只有被相应行业的企业所获取，才能真正发挥其价值。这时这些数据就具有排他性和可交易性特征。另外，基于部分数据的特殊性，例如涉及个人隐私的个人信息数据，即使其具有市场价值，也不应该成为可交易的商品。

2.3.2　数据成为生产要素的必然性

生产要素是一个历史范畴。数字经济时代，数据成为生产要素具有必然性。这是人类社会的基本规律，也是社会基本矛盾运动的结果，随着数字经济的蓬勃发展，数据成为现代生产要素具有合理性和必然性。

（1）全球化背景下数据重要性日益凸显

尽管当今逆全球化暗流涌动，但从当今世界各国之间的经济流量和相互依存程度来看，经济全球化趋势不可逆转，是世界未来发展的必然走向。亚当·斯密认为一切限制自由贸易的政策措施必然妨碍分工，从而妨碍生产力的提高和社会福利的增进。显然，从资源配置的角度来说，经济全球化是符合全球整体利益的选择，数字经济时代，全球化具备全新的特征。以云计算、大数据、物联网、人工智能、区块链为代表的新一轮科技革命促进工业、产业乃至经济发生重大变化。这一过程不仅激发传统产业的发展活力，还催生数字经济持续快速增长，数据的收集、存储、统计、分析能力不断提高，当数据中包含的有效信息能够被真正地提取出来并且为经济发展所用，就逐渐具有了生产要素的使命，成为同劳动、资本、土地、技术等传统生产要素相并列的现代生产要素。

生产力是经济和社会发展的基本动力，生产要素体现了人类社会各发展阶段的生产力水平，数据生产要素本身以及受数据和数字技术影响的原有生产要素所构成的新的生产力将人类社会带入数字经济时代。数据是个人、企业乃至国家资产的重要组成部分。对于个人而言，一个人在学习、工作、生活中形成的经验、知识、人脉等数据是个人的重要资产，也是一个人生存、发展的保障和动力。企业在生产、经营、管理等多个环节积累了大量的数据，包括客户信息、市场分析、产品设计、生产规程、专利、著作权、管理制度等，这些数据能够为企业未来的发展带来经济利益，因而也就成为企业不可或缺的数据资产。随着信息技术和互联网技术的飞速发展，数据已经渗透到国家经济和社会的各个角落，对于国家发展和安全具有重要意义，成为国家的重要资产。在大数据时代，数据可以从传统行业中分离出来，以一种全新形式融入经济社会生活中，成为支撑经济社会发展的关键力量和驱动科技变革的引擎，成为引领未来的战略资源；同时，数据产业作为数字经济的核心动力，也在一定程度上促进了经济结构转型升级和产业结构优化调整，加快了价值链重构进程，加速了国家经济社会融合发展的步伐，使世界进入“大数据”时代。

2021 年，我国数字经济产业不断壮大，发展韧性显著增强。2021 年，我国数字经济发展取得新突破，数字经济规模达到 45.5 万亿元，同比名义增长 16.2%，高于同期 GDP 名义增速 3.4 个百分点，占 GDP 比重达到 39.8%，数字经济在国民经济中的地位更加稳固、支撑作用更加明显。从世界范围来看，2018～2021 年，全球数字经济规模持续上涨，如图 2-3 所示。

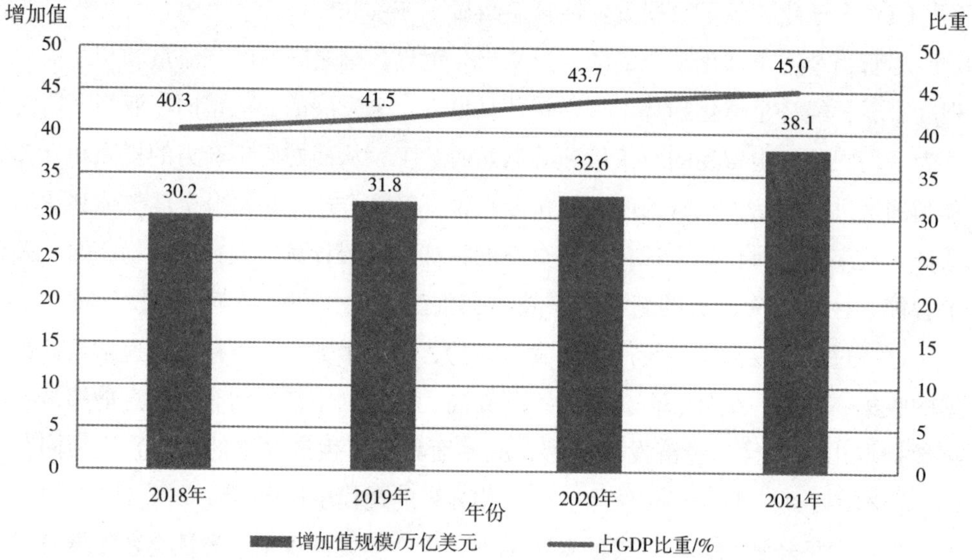

图 2-3　2018 ~ 2021 年全球数字经济增加值规模占 GDP 比重情况

2022 年 6 月，WTO 发布的服务贸易景气指数明显高于货物贸易景气指数，显示出全球服务贸易的韧性，而在这其中数字贸易比重大幅提升，全球服务贸易约一半实现了数字化。数据生产要素的产生使得市场范围的空间维度和时间维度都得到了极大延伸，为国家间合作提供了更多机遇，服务贸易和数字全球化将成为经济全球化的新引擎。互联网数据中心（IDC）预测，数字化对于全球经济的渗透率将会进一步上升，全球经济进入数字经济时代，成为未来新一轮产业竞争的制高点。

目前，在数字经济领域，中国已构建了宏观法律体系，提高和完善了跨界数据流动规则，建立了个人信息保护制度，加大网络领域反垄断立法改革力度，未来中国将进一步推动数字经济融入全球发展的新格局，为全球数字经济共同发展注入新的动能。可见，数据全面进入经济生产领域推动经济数字化转型已是大势所趋，这在客观层面上要求数据成为现代生产要素。

（2）数字经济时代传统生产要素拉动经济增长潜力减弱

生产要素的发展贯穿了经济增长理论发展的始终，经济增长理论的发展过程就是经济学家不断研究经济增长动因的过程，不同的经济增长理论关注的生产要素不同。经济增长理论经过由古典到新古典再到内生经济增长理论的发展，对经济增长源泉的研究从要素数量的增加深化到要素质量的提升。

数字经济时代，依靠传统生产要素投入规模的扩大来达到经济增长的潜力越来越小，尤其是劳动和资本等具有边际产出和规模报酬递减特征的传统生产要素。随着新一代信息技术的深入发展，数字经济正在成为重组全球要素资源、重塑全球经济结构、改变全球竞争格局的关键力量。同劳动、资本、技术生产要素在历届产业革命中的作用一样，数据生产要素将被大规模地应用于生产、分配、交换、消费各环节，成为经济社会发展的重要推动力。

（3）数据成为生产要素是社会基本矛盾运动的结果

生产要素是不断演变的历史范畴，土地和劳动是农业经济时代重要的生产要素。工业革命后，资本成为工业经济时代最重要的生产要素，随着生产力和科技水平的进一步发展，技术成为一个独立的生产要素。随着数字经济时代的到来，数据要素成为经济发展的新引擎。可见，在不同的社会发展阶段，各生产要素的重要性不同，并且会产生新的生产要素。历史唯物主义认为，社会基本矛盾是社会发展的根本动力，是生产力和生产关系、经济基础和上层建筑的矛盾，其中，生产力是社会基本矛盾运动中最基本的动力因素，是人类社会发展的最终决定力量。进一步地，对生产力的内涵进行剖析，生产力是人类利用自然、改造自然，从自然获取物质资料的能力，包括劳动力、劳动资料和劳动对象三个要素，是一个综合性概念，本书所探讨的土地、劳动、资本、技术、数据等生产要素都是生产力所涵盖的内容。数字经济时代，生产力和生产关系发生了新的变化，人类经济活动在不确定性前提下，局部资源配置低效与潜在整体资源配置高效之间的矛盾，贯穿于经济发展过程的始终。在高速发展的市场经济下，这种矛盾愈加凸显，同时也成为生产力和生产关系一同演化的主要推动力，而演化的突破口在于提高资源配置效率。数据生产要素恰恰能够以其超前的联络、匹配供需的能力为个性化产品、服务及全产业链赋能，提高全社会资源配置效率，为经济增长提供新的源泉和增长空间。

2.3.3　数据生产要素的价值贡献

（1）贡献内容

数字经济背景下，数据生产要素的作用越发突出，未来实现中国经济平稳较快增长必须发挥数据生产要素的推动作用。数据生产要素不仅能够作为独立的生产要素发挥作用，而且能够作用于传统生产要素。数字经济时代，数据成为关键生产要素，但是并不意味数据生产要素能够代替传统生产要素，相反，传统生产要素才是为数字经济发展提供数据来源和应用场景的基本要素。随着新一代信息技术的加速迭代，以及人工智能、区块链、云计算等数字技术在传统工业领域的广泛使用，数据生产要素正在成为关键生产要素，推动实体经济转型升级，实现产出和效率指数级增长。从产业发展来看，随着数字技术与制造业、农业、服务业等产业的融合不断深化，数据生产要素将进一步深度赋能不同产业，推动三次产业协同发展及全价值链协同。

数据要素化赋予了生产要素、生产力和生产关系新的内涵和活力，优化了生产要素结构，不仅在生产力方面推动了劳动工具数字化，而且在生产关系层面构建了基于数字技术的共享合作生产关系，促进了组织平台化、资源共享化和公共服务均等化，催生出基于5G、集成电路、人工智能、大数据、云计算、区块链等技术和服务的电子信息制造业、电信业、软件和信息技术服务业、互联网行业等，重构了产业体系，推动传统产业体系转型升级。产业数字化过程中，原有产业的研发、生产、管理及销售等环节广泛采用数据生产要素，通过数字技术使生产过程、供应链和消费链智能互联，生产者和智能服务平台智能互联，智能匹配社会资源，不仅对原有产业生产过程中的资源进行了重新优化配置，而且通过加快知识的积累和技术的进步迭代推动了传统生产要素趋于智能化，扩大和延伸了劳动者在生产过程中脑力劳动等复杂劳动，使原有产业生产结构所蕴含的知识与技术要素更加丰富，数字化资本通过这两方面拓宽了原有产业的生产结构，提高了生产效率，从而使产出得以增长。可见，数据生产要素的引入，不仅拓宽了生产要素的范围，而且可以对传统生产要素进行改造、整合、提升，大大促进了传统生产要素的优化配置、传统生产方式变革，有助于生产力水平实现跨越式提升。

当前，数字经济成为经济增长的新引擎，数据作为重要的生产要素，对经济增长的贡献逐步显现且呈现明显的上升态势。但不容忽视的是，目前我国对数据生产要素的市场化配置规律还处于探索期，数据的产权界定、市场配置机制、安全保护等方面仍存在许多短板，数据法治化程度有待进一步提高，数字垄断、数字鸿沟、数字壁垒等问题可能在多个方面给社会发展带来潜在风险和挑战，另外，对数据的依赖而产生的数据安全风险、网络安全风险等可能会放大经济系统的脆弱性，由此便会形成数据生产要素对经济增长边际效应递减的效应。基于以上分析，要想破解数据生产要素对经济增长的边际效应递减困境，高效的政府和成熟的市场是有效的抓手。高效有为的政府有利于破解目前数据流通利用的困境，快速推进数据要素市场建设，进而带动数据安全市场的加速爆发。政府和市场的关系问题是时代给出的重大课题，也是学术界常讲常新的话题。数字经济时代赋予了政府新的职能，也为“政府之手”和“市场之手”的边界增加了新的研究内容。《国务院关于加强数字政府建设的指导意见》（国发〔2022〕14 号）指出，加速数字政府建设对加快转变政府职能，建设法治政府、廉洁政府和服务型政府意义重大。数字化政府建设致力于健全政务数据资源体系，强化数字赋能，提升政府治理能力现代化水平和数字化服务水平，从而为经济高质量发展提供有力支撑。数字政府不仅在经济增长中起宏观调控作用，而且对数据市场化配置的完善、规避数字经济风险起到不可替代的作用。数字政府是能把数据“统起来”“跑起来”“管起来”的有力平台，能够从制度明晰、数据确权、场景创新、技术保障等方面推进数据高效市场化配置。

数据生产要素的特征决定了数据要素不仅会影响本区域的经济发展，而且使得区域间空间和时间边界日趋模糊，打破区域间地理距离的限制，加强区域间的交流，促进区域协同发展数字平台网络构建，进一步推动跨地区的经济合作。

钟文、郑明贵等（2022）从空间溢出视角研究了数字经济对区域发展差距的影响，发现空间溢出在数字经济影响区域发展差距过程中具有重要的传导作用。陈治、张少华（2023）研究了数字经济对区域创新能力的影响及空间溢出效应，研究结果表明，数字经济不仅会提升本地城市的创新能力，对周边城市创新的提升同样具有明显的促进作用。

（2）贡献属性

关于数据生产要素的贡献属性，目前学术界主要有两种观点。一是按数据生产要素创造价值的贡献分配论。马克思指出，价值是凝结在商品中的无差别的一般人类劳动，即人类脑力和体力的耗费。价值是由抽象劳动创造出来的。有学者认为，数据生产要素本身就是劳动的凝结，其价值是由从事数据行业有关劳动者的抽象劳动创造的。庄子银（2020）认为必须明确数据资产具有价值和数据资产创造价值的概念，数据和劳动者（数据分析师）相结合的劳动过程，创造出的价值甚至比一般劳动者创造的价值要高得多。二是数据生产要素创造使用价值的贡献分配理论。持这种观点的学者认为，数据生产要素同其他生产要素一样，本身不创造价值，但是提高了使用价值生产效率，使劳动者在相同的实践内创造出更大的使用价值。具体表现为，数据生产要素加速了生产过程和流通过程，提高了生产效率和流通效率，因而创造出更大的使用价值。其实这两种观点的主要分歧在于对生产要素贡献的分歧，即生产要素究竟是在价值创造中作出了贡献，还是在财富创造中作出了贡献。前者认为，在劳动创造价值的基础上，各种生产要素同样在价值形成过程中发挥了各自的作用，所以工资、利息、地租等正是根据劳动、资本、土地等生产要素所作出的贡献而给予的要素所有者的报酬。后者认为，生产要素只是创造了财富，而不是价值，因此上述分配只是按照生产要素在创造财富即使用价值中的贡献进行分配。要弄清楚这个问题，我们需区分一组概念，价值创造和财富创造。根据商品二因素可知，价值是凝结在商品中的无差别的一般人类劳动，是商品的本质属性，使用价值是商品的自然属性，构成社会财富的物质内容。劳动是价值的唯一源泉，但却不是社会财富（使用价值）的唯一源泉。威廉·配第提出“劳动是财富之父，土地是财富之母”，即财富的创造不能只靠劳动，必须与物质资料相结合，所以，财富的创造可以理解为是劳动与土地、资本、技术、数据等生产要素相结合的生产过程。因此，生产要素没有参与价值的创造，但是参与了财富的创造，并作出了相应贡献，理应参与财富的分配。

2.4 小结

本章对生产要素、数据生产要素、生产要素增长和升级、经济增长等概念进行了清晰的界定，以要素禀赋理论、创新理论、经济增长理论、制度理论以及新发展理念作为本书的理论基础，分析了数据生产要素的特征，非稀缺性、排他性与非排他性并存、可交易性与非可交易性并存是数据生产要素的典型特征。数据成为生产要素具有必然性，不仅是数字经济时代经济转型发展的客观需要，同时也是社会基本矛盾运动的结果。本章针对目前关于数据生产要素的贡献属性问题存在的争议，基于马克思劳动价值论，从价值和使用价值角度，阐明了数据生产要素的贡献。

第3章 生产要素升级推动经济增长机理分析

3.1 生产要素升级的实现机制

随着经济的飞速发展，生产要素的种类不断扩展，每种要素在不同的经济发展阶段对经济增长所起的作用不同，与经济发展相适应的要素结果也会发生变化。随着经济发展阶段由低级向高级演进，生产要素的种类越来越多，起主要作用的生产要素沿着“土地—劳动—资本—技术—数据”的轨迹转换。数字经济时代，数据发挥着越来越大的作用，因而数据成为生产要素是数字经济时代生产力发展的要求，是数字技术进步的结果，是时代的召唤。与要素升级相适应的要素结构也会随之发生变化，准确地说，要素结构同样因为得到优化而实现了升级。本章从生产要素升级的动因、影响因素、成效三个方面具体阐明生产要素升级的实现机制。

3.1.1 生产要素升级的动因分析

（1）经济增长乏力下的生产要素升级

改革开放以来，中国以超大规模经济体确立了世界大国的地位，并通过全球化成为世界经济的重要参与者。但是近年来，全球经济发展失衡加剧，经济下行压力明显加大。面对严峻的国际国内经济形势，中国经济进一步的快速增长难度加大，同时，传统的粗放型经济增长方式已不符合当下的经济发展要求，因此在中国经济转型的关键时期，如何转变经济增长动能，提高生产要素效率是关系到我国能否顺利实现经济转型，由经济大国迈向经济强国的一个关键问题。在一个国家或地区的经济发展中，往往会陷入经济增长动力不足的困境，即虽然经济仍在增长，但增速偏低，甚至经济增长率为负。这表明，该国一贯的经济增长方式已出现问题，或者已无法适应新的经济发展阶段的要求，因此要扭转经济下行的局面必须从转变经济增长方式入手，具体地说，就是要寻求新的要素投入，改变原有的要素结构，实现要素和要素结构的升级。因此，困境中求生存，逆境中求发展是生产要素升级的一个初始动因。

（2）技术进步下的生产要素升级

从经济发展的历史进程来看，生产要素的变化始终伴随着经济发展水平的变化。因而，学者们对于生产要素的研究往往是以经济发展阶段的演进为线索而展开的。1843 年，威廉·罗雪尔在《历史方法的国民经济学讲义大纲》一书中认为，国民经济的生活和动植物界一样，要经历四个发展阶段。他将国民经济的发展比喻为幼年、青年、成年和老年时期，每个时期都受三种主要经济因素的支配，即自然、劳动和资本，但是不同时期各要素所起的作用不一样。生产要素的种类经过“三要素论”“四要素论”的演变后，如今在数字经济时代，随着信息技术的迅速发展和普及，数字经济成为推动经济发展的重要引擎。数字经济是一种新的技术经济范式，它建立在信息与通信技术的重大突破基础上，以数字技术与实体经济相融合，驱动了产业梯次转型和经济创新发展的主引擎。在数字经济时代，云计算、人工智能、大数据等技术与经济相互促进，形成了一些相对稳定的经济新结构和新形态。数字经济的技术经济范式主要由驱动力、新结构、使用价值创造和经济增长四个因素构成。驱动力是指信息技术的迅猛发展和广泛应用，推动整个社会经济活动转型和升级；新结构是指数字技术与传统产业深度融合，形成数字化的产业链和价值链；使用价值创造是指通过数字技术和数据的运转，创造出更高效更智能的生产方式和商业模式，提高产品和服务的附加值，最终，数字经济的发展将带来经济增长和就业机会的增长。

数字经济主要包括数字产业化和产业数字化。数字产业化是指为产业数字化发展提供基础设施、技术、产品以及完全依赖数字技术和数据要素的各类经济，这包括电子信息制造业、电信业、软件信息技术和互联网行业等。产业数字化，则是指产业链在数字科技的支持和引领下，以数据为关键要素，以价值示范为核心，实现全要素数字化升级、转型和再造的过程。数字经济通过产业数字化，可以实现与传统经济的深入融合和发展。数字经济的快速发展对我国经济的转型升级具有重要推动作用。数字经济的创新模式和商业模式，将推动传统产业向高附加值、高效益的方向发展，提高整体经济的竞争力。同时，数字经济的发展还将引领新一轮科技革命和产业变革，促进经济结构的优化和转型升级。总之，数字经济作为新时代的经济驱动力，将推动经济的高质量发展和社会的全面进步，我们必须迎接数字时代的到来，激活数据要素潜能，推进网络强国建设。加快建设数字经济、数字社会和数字政府，以数字化转型整体驱动生产方式、生活方式和治理方式变化，只有这样，我们才能真正把握数字经济带来的机遇，共享数字化发展的能力。综上所述，这一切变化都来源于数字技术的兴起和运用，基于熊彼特的创新理论，经济发展并不是一个平滑的过程，跳跃式增长是正常现象，因此，在数字经济产生之初，数据还不足以成为生产要素，但是随着数字技术以及为其提供支撑的互联网、5G 等技术的迅猛发展，必然要求生产要素实现升级，以数据这种具有超强动力和发展潜力的生产要素来持续推动经济发展。

3.1.2　生产要素升级的影响因素

生产要素升级是总体经济运行的结果，社会经济整体在运行过程中各构成要素在有机联系中发生相互作用，其中各构成要素的协同程度决定了经济整体运行的情况。经济运行机制是协调经济运行过程的经济机理，其功能的发挥，有赖于各构成要素之间的相互联系、相互制约、相互作用，并且经济运行机制总是遵循一定的规律按一定的方式而发挥总体功能，这种功能将通过各个经济主体利用各生产要素进行生产、流通、分配、消费等经济活动而具体表现出来。当各经济主体受到经济环境变化而产生压力时，会通过采取相应行动以适应环境改变，提升自身发展能力，其中企业及其所处的市场环境、政府职能等都是影响生产要素升级的重要因素。

（1）企业内部因素

企业的规模是影响企业能否实现要素升级的一个重要因素。进行生产要素升级本身是一种创新，而创新具有风险性，当企业规模足够大时，资金、人才等储备充足，可以对多个领域进行分散研发，有利于分散风险，其雄厚的资金和成熟的风险规避机制也可以有效抵抗风险。而规模相对较小的企业虽然在研发、资金、人才、产量等方面存在劣势，但在生产要素集中度调整等方面可能更加灵活，可以根据市场风向调整创新的方向。另外，企业内部的管理机制和创新机制是技术创新和生产要素升级的制度支撑，因此，健全的制度有利于实现资源的科学配置，优化要素结构。

（2）外部环境因素

对于企业来说，同类型的产品在竞争中为了获得更大优势，促使企业进行技术创新，研发新的产品，进一步改进产品性能；市场中供需关系也是推进技术创新的重要因素，当供不应求时，为了满足消费者的需求，需要改进技术以获得更多的产量；而当供过于求时，市场出现产能过剩的问题，需要进行技术创新生产新的产品来满足消费者更高的需求。另外，政府的职能发挥尤为重要。政府以数字化、智能化进行治理和运行，则有利于以全方位、系统性、重塑性的变革为生产要素升级创造更加优良的市场环境，保障公共竞争和维护市场秩序，激励企业创新，更好地服务企业，促进经济社会发展。

3.1.3 生产要素升级的机理

（1）技术进步

技术进步对生产要素的影响直接而有效。技术进步往往导致一种生产要素的边际产出高于另一种生产要素的边际产出，它可以加速生产要素的替代和重新组合，大大提高要素利用率，从而大幅降低成本。以数据生产要素为例，数据能够成为生产要素完全归因于互联网、5G等有关技术设施和数字技术的发展。因此，技术进步对生产要素升级的影响不仅体现在提高原有生产要素的生产率，还体现在引入新的、更具发展潜力的生产要素。生产要素升级会改变原有要素结构中各要素所占比例，原有各要素对经济增长的贡献率也会发生相应变化，由此形成新的要素结构，实现要素结构的优化。要素结构的优化通过产业结构的优化而更加直观地表现出来。技术进步能够影响生产函数提高生产要素的相对边际生产率，对其他要素替代效应，即使规模收益递减，也可以由提高的生产要素使用率将其抵消，引导生产要素的流向，推动产业结构优化。

这种结果最终将在每种生产要素的有效利用上得到落实。从自然资源要素来看，自然资源是生产力的基础和前提，技术进步则决定了对自然资源利用的程度，当人类将先进的技术作用于自然资源时，可以形成现实的生产力。需要注意的是，自然资源的特殊性在于其天然行性和不可再生性，因此，我们应尤其注意绿色发展。从劳动要素来看，劳动质量是影响经济增长的关键因素。任何经济体的发展都是一个阶段性逐步优化的过程，劳动力的优化是其表征之一。经济的发展过程在一定程度上就是区域内各种生产要素的合理配置和优化升级的过程，生产要素结构中，资本要素的配置对于整体要素结构产生重要影响。技术本身作为一种生产要素，通过对其他生产要素赋能，使其对经济增长的作用在更大程度上释放，同样，数据作为一种新的生产要素，不仅可以单独发挥作用，同样可以通过与其生产要素的融合促进整体要素投入效率的提高，促进经济增长，如图 3-1 所示。

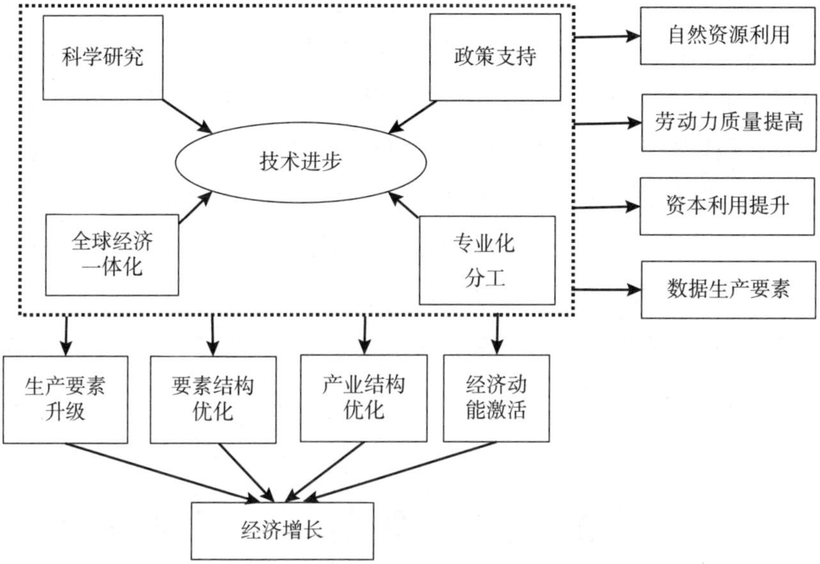

图 3–1　技术进步促进生产要素升级机理

（2）要素组合效率提升

随着中国经济由高速增长阶段进入高质量发展阶段，部分学者提出新常态下，中国经济进入经济增长的“结构性减速”阶段。中国经济经过多年的高速增长之后，原有的经济增长动能减弱，宏观经济面临换挡减速，“结构性增长”成为我国经济转型发展中的一个重要任务。

结构性增长是指国民经济中的经济结构均衡发展并且保持增长，经济结构包括产业结构、分配结构、消费结构、地区结构等，因而相应的经济结构调整目标为优化产业结构、协调公平与效率、合理调整生产力布局、统筹城乡发展等。我国经济结构性问题体现在产业结构失衡、资本投资比例失衡、要素分配失衡等方面。从新结构经济学的角度看，一地区或一国的产业和技术是内生于要素结构的，因此要素结构优化，可促进经济的结构性增长。由前述分析，技术进步带来了生产要素升级，也使得对经济增长起主要作用的生产要素发生了变化，原有要素结构中，各生产要素的地位和占比随之发生变化。

基于生产条件及其生产要素结合方式的差异，社会经济发展的过程可以划分为不同的发展阶段和经济结构。在社会经济发展的历史过程中，生产要素的内涵日益丰富，技术、管理、数据等逐次纳入到生产要素，在与之相对应的特定发展阶段发挥各自的作用。在历史进程中，根据技术迭代而在生产中纳入新的生产要素，逐步将生产要素的内涵进行适时且准确地扩展，反映了随着经济活动模式的转型，各种新的生产要素在生产活动中逐渐占据重要位置。2015 年是中国数字经济的元年，有必要将数据生产要素单独提出进行分析。数据作为生产要素已被学术界及产业界广泛认可，体现了现代经济社会中对数据生产要素作用和潜能的充分肯定，数据在未来一个较长时期内将对整个经济社会的发展起到越来越重要的推动作用，对生产效率的提高和经济的可持续发展产生深远的影响。数字经济时代的要素结构优化表现为整体的自然资源、资本、劳动投入量相对减少，技术投入量相对增加，数据生产要素从无到有，投入量迅速增加，不仅使原有的单个生产要素的生产率提高，而且提高了要素组合效率，生产要素的优化配置以结构性增长方式促进经济可持续发展。

3.2　生产要素升级与新兴产业布局

随着新一轮科技革命和产业变革的兴起和生产要素的升级，一批新兴产业孕育发展，在传统产业对经济增长带动作用减弱的情况下，新兴产业成为具有发展活力和市场潜力，对人民生产生活有巨大影响的先导性产业，能够对经济增强产生全局带动和引领作用。

新兴产业是指关系国民经济社会发展和产业结构优化升级，具有全局性、长远性、导向性和动态性特征的产业。新兴产业是一个相对动态的概念，到目前为止，学术界对于新兴产业并没有一个统一的定义。一些学者认为新兴产业是产业演进过程的初级阶段。也有学者认为，新兴产业不仅具备新的经济生产特点，而且已经形成了一定的产业规模，在整个产业中具有一定的影响力。综合已有研究成果，本书将新兴产业定义为随着科学技术的发展及其科研成果在新的产业中的应用而产生的具有高技术含量、高附加值、资源节约等特点的产业类型，这些产业对于产业结构优化升级、构建现代产业体系、提供经济发展新动能具有重要的促进作用。产业是经济发展的基本要素，通过布局产业发展来缩小地区间经济发展差异无疑是产业政策部署的重要内容。对于欠发达地区，积极承接新兴产业布局，将有助于其发挥后发优势，实现跨越式发展。然而，并非所有的新兴产业都具有战略性，这就需要相关部门在布局新兴产业时，充分考虑本地的经济基础，不能为“新”而“新”，各地要重视产业的整合，在国内大循环为主的环境下，逐步将产业结构向中高端进行升级。

3.2.1　新兴产业布局的目标

（1）优化产业结构

立足产业基础优势，发展壮大新一代信息技术、新材料、高端装备、新能源等新兴产业，通过新兴产业的前瞻布局，优化区域布局，形成分工明确、相互衔接的产业发展格局。聚焦产业链关键缺失环节，打造新型产业链提升价值链，促进产业提质增效，推动产业向价值链中高端跃升，强化产业集群支撑，推动产业集群式发展。在新兴产业布局和转移过程中，培植壮大龙头企业，提升工业综合实力，形成合理化、高度化、生态化的产业结构，加快推动全方位高质量发展。

（2）构建现代产业体系

构建现代产业体系已成为我国推动经济体系优化升级的必然要求。具体而言，就是要不断培育壮大战略性新兴产业，发展现代服务业，继续发展壮大实体经济，提高新兴产业、高技术产业在整个产业体系中的比重，为构建新发展格局提供强大的产业支撑。在我国经济由高速增长阶段转向高质量发展阶段的关键时期，新兴产业发展方兴未艾，我国应把新兴产业作为调结构、促转型、保增长、构建现代产业体系的重要战略部署来抓，这也是新兴产业布局和转移要实现的一个基本目标。

（3）构建现代化经济体系

建设现代化经济体系已成为我国应对新时代社会主要矛盾转化和推进高质量发展的最有效抓手。建设现代化经济体系是涉及社会经济多个层面、多个领域的有机整体，是实现社会主义现代化强国的总体布局。产业体系是现代化经济体系的主要内容，经济体系的现代化，必然要求产业体系的现代化，而新兴产业正是现代产业体系不可缺少的组成部分。因而，应基于“新兴产业布局和转移—产业结构优化升级—现代产业体系构建—现代化经济体系构建”的思路，分步骤有目标地实现我国经济的高质量发展。

3.2.2 新兴产业布局的原则

（1）生态、经济、社会协调发展原则

随着经济社会的发展和物质生活水平的提高，人的全面发展问题在以知识和经济时代为背景的现代化经济体系建设中日益凸显，人们不仅追求物质上的满足，更要追求精神上、思想上等高层次的愉悦感来获得幸福感，生态质量成为影响人们感知幸福度的一个重要指标，而人们的幸福感又关系到社会稳定和经济发展。相关部门在进行新兴产业布局和转移时，需要充分考虑资源承载和环境约束，保持经济发展规模与社会发展水平相一致，布局与资源环境生态相协调的生产规模和产业结构，建立生态、经济、社会协调发展的现代产业体系。

（2）空间均衡原则

人口和资源分布是新兴产业布局的重要影响因素，因而相关部门在进行新兴产业布局和转移时要充分考虑空间均衡问题，既包括区域人口的分布问题，又包括区域资源的丰裕程度和分布特征，依据资源禀赋和生产要素条件，合理布局产业发展，同时引导就业人口的流动，促进区域经济均衡发展。

（3）市场效率原则

新兴产业布局和转移的目标是优化产业结构，建立现代产业体系，构建现代化经济体系，终极目标是为了形成效率公平的社会主义市场经济，实现共同富裕。这就要求相关部门对新兴产业进行布局时，遵循市场经济规律，提高市场效率，在企业、区域、部门之间合理配置资源，实现产业投入产出的最大化。

3.2.3 新兴产业布局的影响因素

如何以当地现有条件为基础，发展符合当地特色的新兴产业成为当前学术界研究的一项重要课题。影响因素研究是通过对系统内部原因进行分析而找出发展规律的一种研究方法。阐明新兴产业布局影响因素，有助于制定正确有效的新兴产业布局和转移战略，以新兴产业为抓手，推进科技创新，壮大新增长点，形成发展新动能。

（1）自然条件影响因素

自然条件是人类从事生产、生活的基本条件，是生产要素投入和经济发展的物质基础和先决条件。生产要素的选择类型决定了产业发展类型，以资源型产业为例，资源型产业的发展直接受自然资源禀赋和分布的制约。比如，在布局新能源行业中的风能、太阳能等产业时，首先应考虑该区域是否具有丰富的风能、太阳能等自然资源；新材料行业布局要求该区域具有丰富的矿产资源。自然资源是重要的生产要素，资源禀赋是资源型产业布局的首要外部条件，因而相关部门应根据本区域的自然条件来确定是否适合引入该产业。

（2）经济条件影响因素

经济条件是指区域经济发展水平，衡量标准包括区域的市场发展程度、资本丰裕程度等。由前文分析新兴产业布局的目标可知，促进当地经济发展是最终落脚点和归宿。因而，新兴产业布局和转移应基于当地经济状况，考虑新兴产业的市场竞争环境、市场规模等因素。有利的经济条件能够促进新兴产业产品的更新迭代和技术升级，从而实现该产业的快速发展，进而带动区域经济发展。

①经济区位

区位理论可为新兴产业布局和转移所需外部条件提供基本理论指导。马歇尔关于区位理论中产业集聚现象的论述对于分析产业布局和转移的影响因素有重要启示。经济区位是对空间区位赋予经济学意义，从空间地理位置上考量产业分工的经济效率。经济区位决定了未来时期某个具体区位点发展相关产业的条件优劣。经济区位直接影响三次产业布局，优越的区位条件可以将资源优势有效地转化为产业优势。

②生产要素投入

生产要素是企业生产活动的基本驱动因素。生产要素是企业生产经营过程中必须具备的基本因素，其投入和配置状况是企业经营效率和市场效率的根本。在社会经济发展的历史过程中，生产要素的内涵不断扩充，现代科学、技术、数据等也作为独立的要素进入生产过程，对新兴产业布局产生影响。对于资源型产业，土地和资源要素是产业布局时首先考虑的投入条件，而对于不以自然资源为原料的产业，区位选择则更多地考虑劳动、资本等的要素投入，数字经济时代，数字产业化和产业数字化的发展进程取决于数据生产要素的使用程度。

③市场规模

市场是企业经济活动的生存空间，对产业布局和转移有重要影响。不同类型的产业对市场规模的需求不尽相同，一般而言，资本密集型产业布局要求较大的市场规模，以保证经济活动的持续性，除此之外，规模经济、竞争机制也是基于市场规模对经济活动产生重要影响的因素。

除此之外，部分社会条件也是影响新兴产业布局的因素。社会条件是指产业选择所需的当地习俗、劳动力、受教育水平等一系列社会因素。不同类型的新兴产业对于当地社会条件有不同的要求。劳动密集型产业需要较多的劳动力，因而劳动密集型产业适合布局到劳动力丰富的地区。高新技术产业则适合向人力资本丰富、劳动力素质较高的区位布局和转移，这些社会条件可为高新技术新兴产业的创新和发展提供基本保障。另外，基础公共设施也是影响新兴产业布局和转移的重要因素。例如人口，人口数量是反映人类社会发展状况的重要指标，直接影响区域生产力水平和社会进步，也是影响当地新兴产业布局和转移的社会性因素，具体来说，人口数量、人口质量、人口分布等都可对新兴产业布局产生影响。劳动密集型产业倾向于分布在人口数量比较大的区域，人口质量是新兴产业所需劳动力的智力保障，人口分布的稠密和迁徙频率对新兴产业布局影响重大，在人口稠密、生产力发达地区，布局新兴产业具有较大优势；反之，在人口稀少的地区，新兴产业的布局大多优先选择基于当地自然资源优势的资源型产业。

（3）产业影响因素

①产业生命周期

新兴产业的生命周期可以划分为投入期、成长期、成熟期和衰退期四个阶段，对于处于不同生命周期阶段的新兴产业，在本区域布局和转移时决策和目标也会有所不同。政府在进行新兴产业布局和转移时，应充分考虑该产业所处的生命周期阶段，判断其是否与本区域相关产业及经济发展水平相匹配。

②产业关联性

产业的关联性是指该产业与其上下游产业的关系密切程度，关联性强的产业会对其他产业产生较大的影响力和带动作用，从而会对整个产业体系产生良好的溢出效应，促使经济效益的提高；反之，关联性较低的产业则独木难成林，不仅自身发展困难，也不能带动其他产业的发展。因此，新兴产业布局时应考虑该产业和本区域现存其他产业的关联性，从而确定布局方案。

③产业创新能力

创新是引领经济发展的第一动力，产业创新能力是评价新兴产业发展质量的重要指标，新兴产业能否发展壮大很大程度上取决于其创新能力。政府在进行新兴产业布局和转移时，需要评价这个产业的创新能力进而判断可持续发展能力。创新能力是经济转型的主要内容，通过创新发展，转换新旧动能，挖掘发展内生动力，形成新的经济增长点，推动经济高质量发展。因此，相关部门应将以创新驱动为特征的产业体系作为新兴产业布局的首要考虑因素。

通过以上分析可知，新兴产业布局受当地自然条件、经济发展水平、人口结构、质量、生活方式等多方面因素的影响和制约，同时由于产业生命周期的存在，新兴产业在不同地区的分类和界定不会完全一致，甚至存在较大差异。因而，新兴产业布局应注意两方面问题：第一，要把握社会再生产规律。为全面反映现代社会生产的结构，马克思主义政治经济学把关于两大部类生产的比例关系和社会生产的实现过程，同三次产业的划分建立联系，根据服务产品的最终用途将服务纳入两大部类，对产业结构的研究就具有了马克思社会资本再生产理论视角的更广阔的视野。新兴产业的布局应注意市场实现问题，注意社会再生产按比例发展的问题，以实现资源优化配置，推进产业均衡发展。第二，要协调好区域之间经济发展不平衡问题。我国东部地区和中西部地区经济发展水平存在明显差距，并且发达地区的淘汰产业很有可能作为新兴产业转移到欠发达地区，这种方式将加剧地区间产业结构发展的不平衡，因而在新兴产业布局时需要有效的产业政策进行协调，通过加强基础设施建设和资本、技术的支持，鼓励落后地区积极承接具有发展前景并且技术密集度高、知识产权集中、处于产业链顶端能够带来更高附加值的新兴产业，缩小地区间产业发展差异。

3.2.4　生产要素升级促进新兴产业发展机理分析

我国正处于由大变强、增长方式转变和结构调整的关键时期，同时迎接着全球新产业革命的大潮，面临着更加激烈的国际竞争环境，多重因素与趋势的叠加，使中国未来产业发展机遇与挑战并存。超大规模的国内市场是中国的最大优势之一，但发挥好这一优势需要构建开放、包容、公平、规范的市场竞争秩序，拥有相对雄厚而完善的产业基础是中国抓住发展机遇的优势所在，但需要妥善应对产业分工体系变革带来的影响。我国产业结构不合理、产业核心优势不强等问题比较突出，面对奔涌而来的新产业革命，积极抓住生产要素升级的机遇，通过生产要素升级推动我国新兴产业发展，抢占国际竞争战略制高点。数字经济时代，数据成为新的生产要素，同时技术、知识、管理等生产要素的作用也越发突出，形成传统生产要素与新生产要素有机结合的新的竞争优势。新技术体系全面形成，自动化、数字化、智能化生产方式大规模应用与普及，不仅使原有三次产业完成了数字化改造，而且催生了新兴产业，推动了数字产业化和产业数字化进程。具体过程如图 3-2 所示。

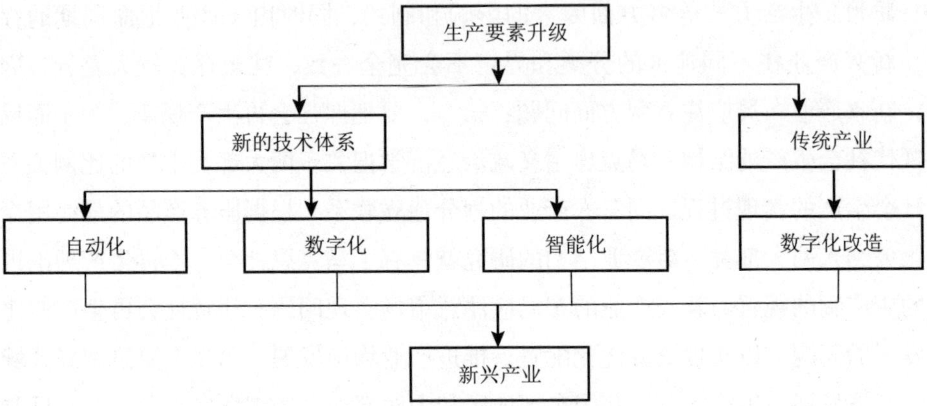

图 3-2　生产要素升级促新兴产业发展机理

3.3　生产要素升级与产业结构优化

3.3.1　生产要素升级对产业结构调整的影响因素

随着科技的发展和生产力的提高，生产要素也在不断升级。技术、数据等高级生产要素投入，对于产业结构的优化起到了积极的推动作用。同时，产业结构的调整也会对生产要素的升级产生影响。随着产业结构的优化，市场对于高级生产要素的需求会相应增加，这会促使更多资本、技术、数据要素等投入产业中，从而促进生产要素的升级。

（1）技术创新

技术创新是推动生产要素升级和产业结构优化的重要力量。技术的创新和应用能够提高生产效率，创造新的市场需求，促进产业的转型升级。技术创新可以推动实现产业从低附加值向高附加值的转变，提升产业的整体竞争力。

（2）资源环境约束

随着人类对环境问题的日益重视，资源环境约束对生产要素升级和产业结构优化的影响日益凸显。在资源环境压力下，推动生产要素的绿色升级和产业结构的绿色转型已成为必然趋势。这需要政府在发展经济的同时，充分考虑环境的承受能力和资源的可持续性。

（3）市场机制

市场机制在生产要素的配置和产业结构的优化中发挥着基础性的调节作用。

市场通过价格机制、竞争机制等手段，能够实现资源的有效配置，促进产业的优胜劣汰。同时，市场机制也能够反映供求关系的变化，为决策者提供调整产业结构的重要依据。

（4）国家经济环境的变化

国际经济环境的变化对生产要素的升级和产业结构的调整产生重要影响。在全球经济一体化背景下，国际市场的需求变化、贸易规则的调整以及跨国公司的全球布局等因素都会对一国的生产要素配置和产业结构产生影响。如何应对国际经济环境的变化，抓住机遇，迎接挑战，是摆在我们面前的一道重要课题。

3.3.2　生产要素升级促进产业结构优化的机理

生产要素升级使得要素结构更加优化，高质量的供给和高效率的生产要素配置不仅有助于各产业实现高质量发展，而且使得各产业之间的数量比例关系、经济技术联系和相互作用关系趋向协调平衡，形成合理化、高度化的产业结构。

基于我国当前的经济发展水平，综合考虑我国目前的消费结构和劳动力素质，将现有的生产要素禀赋和科技水平纳入考虑范围，将土地、劳动、资本、技术、数据等生产要素以合理的投入，配置到相应的产业中，形成三次产业之间相互协调、互为依存、相互促进的关系，各产业或行业之间总体上保持较密切的有机关联性和比例协调性，最大限度地减少产业结构不平衡带来的损失，最终形成均衡发展的产业结构，促进经济发展产生良好的内驱动力。

在产业结构合理化的基础上，生产要素的配置以更好的生产效率和更低的生产成本为目标，反映在三次产业结构所占比例的变化上，应该是第一产业所占比例逐步减少，第二、第三产业在整体上所占比例逐渐增加，产品的附加值也随之变化，低附加值产品的生产份额不断缩减，高附加值产品的产生份额不断增加，产业结构实现了由较低水平向较高水平演进。具体表现为，新兴产业、高新技术产业和技术密集型产业在整个国民经济中所占比重不断增加，所处地位日益重要的过程。

以数据生产要素为例，数据生产要素的使用不仅促进了数据和传统产业的深度融合，还带动了传统产业向智能化转型，有效发挥了人工智能的替代效应和创造效应，大大提高了相关产业的生产力水平，在农业、制造业、文化产业、服务业等相关行业都发挥了巨大作用，有效推动了产业结构优化升级，通过大数据技术的广泛应用，推动了农业、金融、交通、制造业等行业的智能化发展，提高了相关产业的生产效率和生产力转化率，同时优化了产品的质量，带来了更加先进的生产生活方式，提升了人们的生活品质，比如在教育、娱乐、购物等方面将人工智能和人类活动相结合，如智能家居、无人便利店以及AI与教育相结合等，都从不同方面为人们提供了更加便捷和绿色的生活方式。表3-1列出了数据生产要素在不同产业的成果。

表3-1 数据生产要素在不同产业的成果

农业	智能农业物联网设施、智能机器人等
制造业	生产线自动化、智能机器人等
交通业	智能交通系统、智能导航、智能语音、ITS等
医疗	智能信科、智能医学影像技术、解析医学图像等
文娱业	语音识别、人机交互等
物流	智能搜索、智能机器人、智能配送规划、无人车等

3.4 生产要素升级与经济增长

3.4.1 生产要素升级促进经济增长的内在机理

（1）基于企业间竞争机制和合作机制的经济增长

企业之间的竞争在威胁到许多企业生存发展的同时，更是企业进行生产要素升级，保有持久竞争力的动力。当某一企业率先进行生产要素升级，提高了劳动生产率，并将大量产品投入市场，获得了更多市场份额，使得本企业的企业效益高于社会平均效益时，同类的其他企业或者处在产业链方向垂直相关的企业面临竞争压力，为了缩小差距，并且分享市场利润，就会进行要素升级，提升技术水平和劳动生产率，从而达到新的技术标准，使自己的企业效益达到社会平均效益。由于出现要素升级的企业领跑，同类型企业或处在产业链上相关企业就会紧随其后进行生产要素的重新配置，这时社会的总体产出水平就会提高，生产更多产品满足社会大众的需求，或者创造更多的市场需求，从而促进经济增长。

不同的产业集群内部包括众多组织形式，有企业、研发平台、高等院校等，重视创建产学研的创新体系，由产业集群内部的不同形式的组织共同协作，最大限度地对相关资源进行优势整合和有效利用。协同属于系统论范畴，具体是指各子系统通过联合，将子系统本身所具备的功能发挥到极致，释放原有的有形的或无形的潜能，使系统整体功能得到最大限度发挥。目前，协同理论已广泛应用于教育、资源管理和人力资源开发等领域。由于区域差异性及区域间沟通障碍的存在，资源浪费现象时有发生，如资源重复开发，效率低下。为解决此类问题，政府可通过政策调控，对各种可利用的有效生产要素进行合理规划，提供政策支持，搭建合作交流平台，加强各市场主体的联系，共享信息，互通有无，加快生产要素升级，提升企业生产效率，促进经济增长。

（2）基于资本有机构成提高的经济增长

资本有机构成指的是由资本的技术构成决定，并反映技术构成变化的资本价值构成。资本的技术构成是指，从物质形式上看，资本由一定数量的生产资料和劳动力构成，两者的比例由生产的技术水平决定。资本的技术构成反映了社会劳动生产率和生产技术水平，一定数量的生产资料和劳动力，随着劳动生产率和生产技术水平的提高，就会生产更多消费性产品和用于再生产的材料和设备等生产性产品，生活性消费产品直接投放到市场以满足消费者的需求，提升人们的消费水平，加快经济增长，而用于再生产的生产性产品投入下一轮生产，会扩大再生产所需的生产资料和劳动力的数量，此时，在已经提高了的技术水平的条件下，生产资料和劳动力的数量的增长，都会进一步生产更多产品。可见，随着技术水平的日益提高，资本技术构成越来越高，资本有机构成也越来越高，那些投入市场上的生活性消费品和投入下一轮再生产的生产性消费品也就越来越多，从而促进生产不断扩大，促进经济更快增长，如图 3-3 所示。

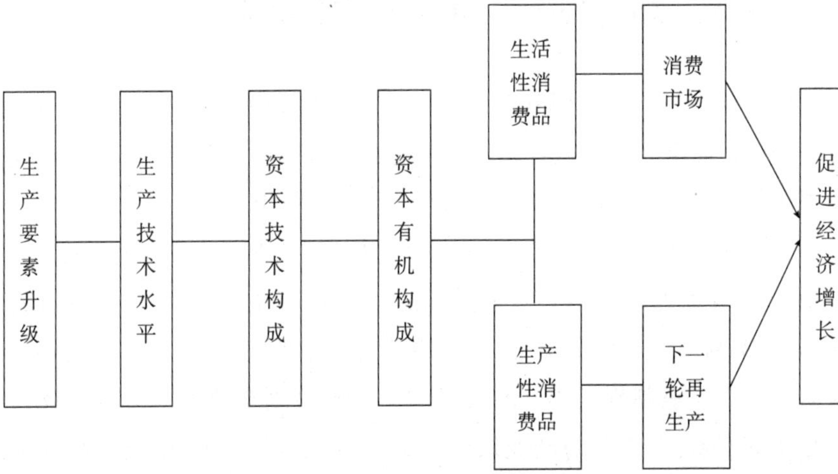

图 3–3　生产要素升级促进经济增长机理

3.4.2 生产要素升级的制约因素

（1）存在机会成本

生产要素升级需要投入大量的人力、资金，在要素总量既定的情况下，开发新的生产要素，例如对数据生产要素基础设施及应用条件的投入，会使产量因现有生产投入的减少而减少，并产生机会成本。如果生产要素升级会带来更高的生产率并且超过机会成本，总的产出增加，那么要素升级会带来更高的收益；如果生产要素升级的成果所带来的生产率没有预期高，那么产生的收益少于机会成本，此时总的产出减少，企业受到损失，创新反而抑制经济的增长，并且创新转化为生产成果需要较长的时间，企业也需要在较长的时间内承担产出减少的风险，或者市场机制不够完善、政策不利于创新等原因都会导致创新的机会成本升高，从而不利于经济增长。

（2）和产业衔接不足

数字产业化和产业数字化是数据生产要素促进经济增长的两种主要途径。然而，如果生产要素的升级和产业衔接不够充分，那么生产要素升级则不能达到其对于经济增长的预期目的。问题主要归咎于两个方面：一是产业化仍然存在于价值链的中低端，在关键领域和主要行业存在短板明显的问题，导致生产要素升级产生较低的生产效应，转换衔接不当；二是大众对生产要素升级认识不足，对数据生产要素的利用率低下甚至使用不当，没能有效地转化为成果。

3.5 进一步分析：产业政策的作用

由前文分析可知，生产要素升级可以促进新兴产业的发展，优化产业结构，推动经济增长，而这些结果能否实现以及能在多大程度上实现，与产业政策息息相关。因而有必要分析如何有效地发挥产业政策的作用。

关于产业政策的内涵界定，目前学术界并没有形成统一的认识，但大体来说，对产业政策的认识有广义和狭义之分。广义的产业政策是指国家为促进产业发展或调整产业结构等而采取的政策，主要的政策工具包括补贴、税收、采购、特许、强制规定等。而狭义的产业政策则是政府对某一具体产业的扶持，也就是传统意义上的产业政策。本部分主要围绕广义的产业政策展开讨论。

随着科技的发展以及生产要素在世界范围内的流通，自 20 世纪 80 年代开始，全球化不断在深度和广度上得到扩展，这使世界各国政策互相影响的程度日益加深。世界范围内主要经济体对产业发展的规划和布局将在一定程度上对我国产业的发展产生影响。纵观发达国家的产业政策变迁，产业政策在很多国家发挥过重要的作用。

3.5.1 美国的产业政策经验借鉴

美国从 18 世纪建国开始，其成长壮大离不开产业政策的支撑。美国首任财政部长亚历山大·汉密尔顿于 1791 年向国会提交制造业发展计划，其中涵盖了谷物、棉花、钢铁等众多产业分支，而政策工具则主要以政府补贴、保护性关税和进出口配额为主，同时从基础设施、金融信贷等方面给予支持。以关税保护为例，美国平均关税税率在 1820～1931 年达到了 35%～50% 。美国的高关税政策延续了近百年，保护了幼稚产业。到 1890 年，美国已经成为世界上工农业生产第一大国。经济繁荣一直持续到 1929 年经济危机。直到 1933 年罗斯福新政实施，大规模的政府干预带领美国经济走出萧条的阴影，此时产业政策的范围和边界也得到了极大扩展。然而 1973 年第一次石油危机的爆发以及战后日本制造业的兴起，使得美国经济再次陷入危机。1980 年，《拜杜法案》的颁布为美国科技创新及经济繁荣注入了新鲜血液。此前，美国实行“谁出资，谁拥有”的政策，科技创新的成果长期保留在政府部门，科研成果转化率极低。截至 1980 年，联邦政府持有近 2.8 万项专利，但只有不到 5% 的专利技术商业化。而《拜杜法案》，允许政府资助的科研项目所产生发明的所有权归发明者所有专利权的“下放”激发了市场活力，产生出很多新产品、新公司。《拜杜法案》在为政府、企业、科研机构的合作提供制度保障的同时也促进了科技研发，由此带动了美国的产业升级和经济复苏。

3.5.2 德国鲁尔区产业政策经验借鉴

德国鲁尔区是德国的传统工业区，被称为“德国工业的心脏”。其工业在两次世界大战期间实现了快速的发展壮大，工业产值曾占德国全国的 40%。然而随着 20 世纪 50 年代后石油、天然气等多种能源的广泛开发和利用以及世界性的钢铁过剩的冲击，鲁尔区重工业的发展难以为继，转型发展迫在眉睫。1968 年，州政府出台《鲁尔发展纲要》，着力调整产业结构，开始了鲁尔的转型发展之路。

转型初期(20世纪五六十年代)，德国政府通过法律形式颁布产业调整方案，实施“再工业化”战略，加强企业的集中化、合理化，以保护煤炭、钢铁这两大具有重要战略意义的产业。在政策的引导下，煤、钢工业部门通过关停并转提高了机械化水平，同时技术更新取得一定成效。然而，财政补贴导致市场信号扭曲，没能阻止鲁尔区的衰落。发展新兴产业时期(20世纪70年代)，1979年德国联邦政府制了《1980～1984年鲁尔行动计划》，开始转变发展思维，改造传统工业，大力发展新兴产业。新兴产业的发展改变了单一的煤钢产业结构，转型发展成效初显。因地制宜产业多样化时期(20世纪八九十年代)，1987年，州政府启动“煤炭与钢铁地区的未来动意”“北莱茵—威斯特法伦未来动意”，强调结合不同地区的区位优势，发展各具特色的产业以实现产业结构多样化。在信息化、网络化、集群化的推动下，鲁尔区逐渐朝着既有传统工业基础，又有新兴产业增长点的产业多样化方向发展。

纵观整个鲁尔转型进程，德国的产业政策一直发挥着重要作用，然而不同阶段其侧重又有不同。转型初期，主要是政府主导，自上而下对产业结构的规划表现出一定的路径依赖，没有充分认识到经济结构的变化，政府的大量补贴又进一步扭曲了市场信号，同时既得利益集团不愿放手现有产业基础及可观的既得收益，使得新产业的发展举步维艰。发展新型产业时期，政府仍然发挥主要作用，此时的产业政策开始结合企业意愿。传统的大型工业企业在认识到产业结构转变的必要性之后，开始主动投资与科技、服务、环境等相关的产业，积极促进产业结构多样化。政府则遵循市场信号，通过低息贷款、税收减免等政策积极引进新兴产业。此时的产业政策激发出更多经济发展的内生动力，转型发展初现成效。因地制宜产业多样化时期，受益于新兴产业的发展，此时产业政策着力于促进技术创新以及产业结构多样化。资料显示，1996年政府给予鲁尔区煤炭业的补贴为104亿马克，2002年下降到36亿欧元，2005年更是下降到27亿欧元。政府的补贴倾向于高科技企业、基础设施、人才培养等。为分散化区域结构政策，北威州政府组织工会、社会工作组织、经济联合会等参与政策规划，充分发挥了各经济主体的积极性，也使得政策认可度提高，同时，政府给予企业更多自主权。在技术、市场、人才等内生动力的推动下，逐渐摆脱了资源束缚，实现了经济结构的转变。

3.5.3　产业政策如何有效发挥作用

从上述经验中不难发现，产业政策作用的有效发挥需要结合产业发展的不同阶段，政策的制定如果可以顺应当前及未来一段时间经济发展趋势，一般会助力产业快速发展，当然，政策实施的过程需要法律规范及职能部门的监督，以防止权力寻租的发生。

在产业发展的过程中，基础科研、科研成果转化、市场化、产业扩张等，往往周期很长，不同阶段需要产业政策灵活变动，实现产业政策的动态化。

产业发展初期，大量基础科研的进行需要政府补贴，也需要政府补贴以吸引企业进入，同时推动企业、高校、政府组建科研中心，实现产学研结合，为产业发展提供智力支持的同时构建市场化基础。然而，需要注意的是，这一阶段产业政策的制定需要高度前瞻性，因此，除关系国计民生及具有重大战略意义的产业外，新产业的发现更应依赖市场信号，产业政策的制定应关注到企业意愿，顺应经济发展趋势。产业推广阶段，政府应着力构建良好的市场秩序，通过知识产权保护、制订产品标准、质量控制、行业监管等手段维护市场有序竞争。产业市场化阶段，政府应尽量减少对市场的干预使市场机制发挥作用。政策重点在于需求培育、品牌建设，完善配套基础设施为产业发展提供良好的外部环境，同时需要避免因政策导向导致的产品同质问题，及时捕捉市场信息以动态化产业政策，提倡原始创新，激发市场主体活力，从本质上提高经济发展内生动力。

3.6　小结

本章探讨了生产要素升级的动因，基于经济增长乏力、技术进步这两个动因，从技术进步、要素组合效率提升两方面阐明了生产要素升级的实现机理。在此基础上，本章以产业为切入点，分析了生产要素升级带来的新兴产业发展以及产业结构优化，进而从企业间竞争机制和合作机制、资本有机构成角度分析了生产要素升级与经济增长的关系，并且进一步研究了产业政策在生产要素升级促进经济增长过程中的作用。

第 4 章　数字经济背景下中国经济增长问题分析

4.1　国际经济环境的新变化

4.1.1　逆全球化思潮抬头

经济全球化是社会生产力提高的客观要求，是经济发展和社会进步的必然结果。随着资本、劳动、技术、信息等要素流动的加剧，各国经济相互联系、相互依存的程度加深，经济全球化不断向纵深发展，惠及越来越多的领域和国家，全球化红利源源不断释放。然而，21 世纪以来，全球经济政治格局发生重大变化，经济增长变化趋势不确定性增强。2008 年金融危机后，世界经济一直处于低迷状态，单边主义、保护主义不断抬头，各种经济摩擦和政治摩擦时有发生，严重阻碍了经济全球化进程。近年来，美国大兴贸易保护主义，英国“脱欧”等逆全球化事件层出不穷。逆全球化现象的加剧从相关经济数据的变化中便可得到印证。2008 年全球贸易总额占全球 GDP 的比重为 51.86%，2018 年下降为 45.45%；2008 年全球贸易增速本就明显放缓为 4%，而 2018 年则下降为 2.9%；2018 年，全球对外直接投资更是下降到十年来最低水平。事实表明，逆全球化现象确实呈现加剧势头，并且对全球经济增长构成威胁。

逆全球化的持续升温，是经济、政治、社会等多重因素的共同驱动，全球发展失衡加剧，逆全球化凸显，经济下行压力明显加大，逆全球化现象的出现并非偶然，在全球化进程中，逆全球化现象从未真正消失。近年来，随着经济全球化进程的推进，世界经济利益分配格局发生变化，由主要发达国家发起的逆全球化现象愈演愈烈。逆全球化现象的反复出现有其内在逻辑，可从以下三个方面厘清逆全球化者对经济全球化的曲解。

（1）经济全球化导致了失业吗

北京大学教授黄益平指出，开放贸易和投资带来了结构调整，很多人的收入会快速增长，但是也有一部分人会失去工作。失业是全球化进程中出现的一种现象。随着经济全球化进程的不断加快，世界经济正在经历一场从生产的专业化分工、产业结构、国际贸易到生产要素价格趋同的深刻变革。在此背景下，跨国公司快速扩张，对外投资迅速增长，生产工序外移，尤其是发达国家制造业部分生产过程转至发展中国家，很容易导致本国非技术工人失业。

除此之外，技术进步是造成失业增加的一个不可忽视的原因。经济全球化背景下，科技在全球范围内的传播和应用速度大大加快。机械化、自动化、人工智能对人力的替代性越来越强。虽然技术进步创造了一些新的行业和就业岗位，但也会淘汰一些传统岗位。相比之下，新技术创造的岗位所需劳动力相对较少，传统行业所需劳动力较多，因而，从总体上来说，劳动力需求会减少，失业率增加。因此，从技术进步的角度来说，与其说失业是由全球化造成的，不如说是由技术进步造成的更加准确。

以美国为例，在过去几十年中，美国制造业就业机会一直在下降，这不单单是全球化的问题，背后的因素很复杂。逆全球化者将美国制造业就业下降的原因归咎于经济全球化导致美国大量制造业外迁，这种解释不难理解，资本的逐利性驱使企业将劳动密集型产业迁到劳动力成本低廉的国外，从而造成本国大量劳动者的工作机会被剥夺。然而，根据印第安纳州 Ball State University 经济和商业研究中心的研究报告，2000～2010 年，美国制造业减少的 560 万就业机会中，85% 是因为现代机器的应用和生产效率的提高，而对外贸易造成的损失仅为 13%，因而，美国制造业失业率上升是由制造业产业升级和技术进步造成的，按照这种观点，失业人口的增加源于产业升级过程中科技的发展，机器对人工的替代，并非由全球化导致。实际上，无论是倡导经济全球化还是主张逆全球化，缺乏熟练技术的低素质劳动者都将面临更大的就业压力。

（2）经济全球化加剧了贫富差距吗

在经济全球化进程中，很多国家的生产力实现了跨越式发展，大大促进了世界整体经济发展水平的提高。在此过程中，处于中心地位的国家和资本、技术的主要拥有者在全球化分工中处于有利地位，获取了越来越多的财富，全球范围内的贫富差距进一步扩大。可见，在经济全球化进程中，出现了贫富差距扩大的现象，经济全球化与贫富差距加剧之间的关系可见一斑，不能简单线性地看待二者之间的关系。

（3）逆全球化现象是资本主义发展弊端所致

综上所述，我们不能简单地将经济全球化过程中出现的诸如失业、贫富悬殊等现象以及加剧这种不平等的原因归咎于全球化本身。与全球化相比，资本主义发展弊端是造成失业、贫富差距等现象的最根本原因。就业问题、分配问题等资本主义国家的经济问题引发了逆全球化现象热潮，然而发起者却把矛头指错了对象，以上问题并不是全球化的直接后果，而是资本主义制度本身的发展弊端所致。在《资本论》中，马克思阐述了资本主义制度下，资本家为了追求剩余价值，必然要扩大再生产。在此过程中，资本有机构成不断提高，这意味着对劳动的需求相对于资本量来说不断减少，这就是马克思的相对人口过剩理论，体现了资本主义制度下失业问题存在的必然性。花旗全球首席经济学家曼恩（Catherine Mann）指出，全球化在全世界倒退将导致"以更糟糕的分配方式分割一个更小的经济蛋糕"。全球化进程中各种不平等问题并没有随着全球化的停滞而得到缓解，反而随着资本主义发展弊端的不断加剧愈演愈烈，因而逆全球化的出现在于全球化的自由贸易主张与各国不同利益诉求之间的矛盾。

4.1.2　"双碳"目标、传统优势与数据生产要素

（1）"双碳"目标对能源结构调整提出了新要求

改革开放以来，中国经历了长期快速的经济增长，资源型城市为我国提供了大量的能源，为长期快速的经济增长提供了保障。但资源开采的不断增加产生了一系列经济、社会和生态问题，资源开采、经济增长与生态环保之间的矛盾日益加深。资源型地区依托丰富的自然资源，长期以来形成了初级化、单一化的产业结构，陷入路径依赖，造成技术锁定、认知锁定、功能锁定和结构锁定的状况。高能耗、高污染的粗放型经济增长方式催生了一系列问题，如资源枯竭、经济增长乏力、环境污染严重等，经济转型迫在眉睫。当前，全球环境问题日益凸显，因此，中国在第 75 届联合国大会上提出"二氧化碳排放力争在 2030 年前达到峰值，努力争取 2060 年前实现碳中和"。如何正确处理资源开发、经济增长与环境保护之间的关系，实现绿色经济增长，是我国面临的重要问题。

我国能源结构以煤炭为主，能源消耗强度高、环境污染严重、碳排放高以及行业抗风险能力低成为我国亟须解决的主要问题。在"双碳"目标的影响下，我国加快释放优质能源产能，坚持绿色开采，加快清洁能源高效布局，推动多元化

产业链发展，改善能源消费方式，在不断扩展各产业发展的同时更加注重环境问题，绿色低碳发展观念逐渐深入人心。“双碳”目标也在一定程度上倒逼能源革命，促进新型绿色能源的开发利用。“双碳”目标要求我国在稳产量、调结构、稳定传统能源供给的同时，注重煤炭建设智能化，提高煤炭生产力和安全水平，并进一步提高清洁能源占比，提升新能源技术创新能力，降低高耗能产业在能源结构中的比重，对高能耗的落后产能要有取舍并加以淘汰，降低传统能源消耗，逐步增加新能源种类及其在生产中的供应比重。由于路径依赖的存在，调整能源结构，仅依靠市场力量无法实现经济转型，需要政府进行支持与引导。然而，人的有限理性、环境的不确定性和机会主义的存在，使得政府对经济干预的效果严重降低并进一步阻碍资源的自由流动，造成资源型产业过度繁荣以致挤出制造业。因此，政府要给予市场更大的发展空间，同时不断完善自身职能，为资源企业实现科技创新、突破路径依赖提供支持；促进经济增长方式由要素驱动、投资驱动向创新驱动转变。积极制定产业政策，以弥补市场失灵，同时不断提高市场化水平，完善市场负面清单制度，坚持以市场为导向，为各企业的竞争提供公平透明的制度环境，降低交易成本，促进各类市场主体公平高效的竞争，减少因政府干预而产生的资源错配现象和寻租腐败行为。在市场机制较完善的地区，政府要减少对资源配置的干预，建立良好的市场环境以促进有效竞争。在市场化程度较低的地区，政府需要发挥引导作用以进行经济转型。对应于能源结构调整，产业结构转型升级是当前一项重要任务，因此应积极发展高新技术产业和培育壮大新兴产业，改造传统产业，制定数字经济发展规划，加强大数据中心、通信基站等基础设施建设，以数字技术为核心，促进数字经济与实体经济深度融合，将人工智能、大数据与传统产业相结合，推进数字产业化与产业数字化，延伸产业链，提高劳动生产率与资源配置效率。资源产业的发展对人力资本要求较低，造成了对高质量人力资本的挤出，而人才是经济社会发展的基础和保障。基于此，资源型地区应注重数字人才的培养与引进，为数字经济发展提供更多支持。同时，要充分发挥数字经济的空间外溢效应，加强劳动力、资本、技术、知识、数据等要素在区域间流动，带动周边地区绿色经济增长。

随着技术的进步与突破，煤炭作为燃料将会逐步被非化石能源所替代，其在能源结构中的占比将逐渐降低。同时，随着我国逐渐步入后工业化时代，煤炭消费减量化也将成为必然趋势。但基于资源禀赋以及煤炭对国家能源安全的基础性保障作用，煤炭作为可以稳定支撑我国国民经济发展的能源品种，今后一个时期其作为能源“压舱石”的地位不会改变。基于这一基本判断，我国的能源革命将是一场复杂的系统性改革，是一个影响广泛而深刻的改革，需要调动全社会资源，通过完善制度不断降低改革成本，从而有效地推动改革取得实质性成效。

（2）经济增长比较优势形成机制

①原始积累

以传统能源为代表的自然资源是我国经济增长的重要动能。作为生产要素的基础，能源对于促进我国经济增长发挥着其他生产要素不能替代的作用。能源是经济增长的源泉，同劳动、资本、技术、数据等要素共同构成经济增长的驱动因素。在古典经济学中，威廉·配第认为创造财富的基本要素为劳动和土地，其中土地即为自然资源禀赋的代名词。随着社会的发展，经济增长中自然资源的基础性地位没有发生改变。自然资源禀赋对于经济增长始终具有明显的促进作用。一个国家或地区具备了经济发展的基础，通过对本国或地区所拥有的自然资源的开发和生产获得收益，将收益转化为资本，才能完成资本积累的增长，为经济增长优势的建立提供原始积累，促进经济在一个时期内的增长，可以说自然资源是能源生产大国发展的“第一桶金”。当然，“资源诅咒”现象的存在并不是否定自然资源的基础性作用，也不是对比较优势理论的否定，其形成的真正原因在于没有促进要素禀赋的动态变化，引发了路径依赖。“资源诅咒”发生是对动态比较优势理论的背离，而并非这一理论的结果，因此我们应充分利用自然资源所提供的原始积累积极建立动态比较优势，从而获得经济的可持续发展。

②规模经济

由于规模经济更加细致的分工和学习效应的存在，规模经济能够使长期平均成本下降，形成规模效益。资源配置和产业结构的安排，经济利益与自身能力的获得不是非要凭借外生的资源禀赋所决定的比较优势，即使没有先天的资源优势可以依赖，通过发展规模经济而挖掘出来的专业分工同样能够创造后天比较优势，从而获得新的动态比较优势。能源大国凭借先天的自然资源禀赋可在短期内迅速获得资本积累，而资本积累又使得发展规模经济成为可能。克鲁格曼以规模报酬递增来解释产业内贸易形成的原因。产业内贸易的发生源于产业内不同的专业化选择，而这种选择又取决于规模经济，显然基于规模经济的比较优势是后天的、动态的。能源大国基于先天的、静态的自然资源比较优势获得资本积累从而扩大规模，产生规模报酬，由此形成的新的分工则是动态比较优势的结果。

③人力资源配置优化

人力资本是影响经济增长的关键因素。若一味单纯地利用丰裕的能源发展经济，从而降低对人力资本的投资，教育也不再是投资的方向，便不能发挥出人力资本投资与经济增长相互促进的良性循环作用。相反，如果将资源部门的部分收益用于加大人力资本投资，人力资源得到优化配置，就会形成动态比较优势，促进能源大国经济的进一步发展。人力资本的配置使人力资本作为一种基本要素投入生产活动中，通过对劳动力投资，提高其素质和技能，进而提高劳动生产率，形成新的动态比较优势。

④技术进步

技术进步影响动态比较优势的形成，这一理论已经得到了广泛认可。比较优势理论认为生产要素禀赋的不同是产生比较成本差异的决定性因素。资源型国家或地区凭借丰富的自然资源生产要素参与生产获得利润，有了利润扩大投资，具备了产品由劳动密集型迈向资本密集型的条件，随着利润的不断积累，更多技术密集型产品表现出比较优势。在此演变过程中，伴随要素禀赋结构的变化和比较优势的提升，比较优势也在动态化发展，从而形成技术创新和经济增长的良性循环。

（3）"双碳"目标与数据生产要素

"双碳"目标对生产要素升级提出了新的要求。首先，"双碳"目标要求减少碳排放、实现碳中和，这就需要大量的数据支撑和精细化的管理。数据生产要素在此过程中将起到重要作用，通过数据采集、分析和利用，可以更好地了解碳排放的来源、排放量、排放规律等，实现更准确的碳排放监测和更有效的节能减排，为制定针对性的减排措施提供科学依据。同时，数据有助于企业和管理部门更精准地监测和评估碳排放情况，提高碳排放管理效率和效果。其次，数据生产要素为"双碳"目标的实现提供了新的路径。

随着数字化技术的不断发展，数据已经成为新的生产要素，具有极高的经济价值和社会价值。数据的共享和应用，可以促进能源的绿色转型和低碳发展，推动企业提高能源利用效率和管理水平，进一步推动实现"双碳"目标。可见，"双碳"目标与数据生产要素相互促进、相互影响，要实现"双碳"目标，需要充分发挥数据生产要素的作用，同时，通过实现"双碳"目标，也可以进一步推动数据生产要素的发展和应用。

4.1.3　全球经济面临转型，数字经济发展势头迅猛

当前，全球经济正处于转型的关键时期。随着人工智能、信息通信等数字技术迅猛发展，数字技术创新驱动的数字经济正深刻改变着传统经济发展模式，成为全球经济转型发展的一道光。未来数字经济将更加深入人心，人工智能、区块链等技术的应用将更加广泛，数字货币等也将成为重要的支付手段。

（1）数字经济成为经济发展的重要动能

随着全球数字化时代的到来，数字经济不仅成为推动经济发展的重要引擎，也是各国新一轮科技革命的重要战略基础。数字经济可以促进传统产业向高附加值领域转型。数字化技术可以帮助传统产业进行产品升级、体验升级和服务升级，使具实现从单纯生产货物向提供高附加值的服务和解决方案转型，这对于传统产业实现转型升级，守住产业链高端具有重要意义。从生产要素的角度来看，数字经济时代，传统生产要素对经济增长的贡献率逐渐降低，数据生产要素成为关键生产要素，在宏观层面，能够通过赋能传统生产要素，提高资本和劳动生产率，降低交易成本，推动国家融入全球市场体系；在微观层面，数据生产要素的深度应用能够将企业生产设施、信息技术、供应链等进行数据化全链条监控和管控产品全阶段，实现产业集成、流程优化，降低资源耗费，提高生产效率，提升企业竞争力，提高企业绩效。

（2）数字经济重塑国际合作和竞争新格局

面对数字经济带来的巨大潜能，近年来，各国逐渐加强数字经济方面的国际合作。各国政府、国际组织不断出台数字经济领域的合作倡议，数字经济已经成为全球国际合作中的重要议题。随着数字化时代的到来，数字技术广泛应用于各个领域，以数字技术为驱动、数字化，平台为支撑的数字贸易逐渐成为新时代国际贸易的重要形式。近年来，国际市场环境发生急剧变化，各国亟须探索一种新的合作方式。现实给了我们巨大的启发。鲁迅先生说："人类的悲欢并不相通"，然而，在世界经济联系如此紧密的时代，没有人可以置身事外。经济全球化将世界各国紧密地联系在一起，人们的生产、生活联络已不可能阻断，尽管逆全球化思潮暗流涌动，但是从当今世界各国之间的经济状况和相互依存程度来看，经济全球化趋势不可逆转，但全球化的格局和规则的确需要重写，在新的经济全球化模式形成过程中仍然会有诸多变量，大多数国家都要承受变动带来的阻力。

数字经济时代，数字技术的深度应用，带来了全球产业链升级的机会。各国应按照全球化布局，深化产业链上下游的协同合作，坚持高度分工、全球协作、

链式生存，搭建供需对接平台、行业资源共建共享平台，加强与各个国家和地区企业以及相关协会等机构的交流与合作，建立对外经贸合作的信息沟通合作机制，进一步制定更加高效、互惠、便利的政策和合作计划，加大市场开放力度，反对保护主义、单边主义以及形式主义等不利于合作双方经济发展的行为，加强产业合作，促进技术扩散，通过利益互换和资源共享，形成多边汇聚利益的共同点。

4.2　中国经济增长基本状况与生产要素使用情况

4.2.1　中国经济增长基本状况

改革开放以来，中国经济取得了举世瞩目的成就，创造了年均经济增长率达10% 的中国奇迹。随着国际国内经济环境的变化，我国经济已由高速增长阶段转向高质量发展阶段，从依赖传统要素转向依靠科技创新及人力资本，资源环境对经济发展的约束增强，由此决定了转变发展方式、转换经济动力成为我国未来经济发展的重心。

（1）传统要素成本上升，比较优势弱化

改革开放以来，我国经济增长的比较优势在于廉价的劳动力，这促进了劳动密集型产业向我国转移。曾几何时，我们利用劳动力丰富以及人力成本、土地成本、能源价格、税收成本低等比较优势积极参与国际分工，面向国际市场，大力发展劳动密集型产业，从而快速实现从低收入国家向中等收入国家的转变。如今，我国的这些比较优势逐渐失去，土地价格飙升租金上涨，已经接近甚至超过欧美发达国家，资源成本随着资源与世界接轨也接近发达国家。

与此同时，仅存的人力成本优势也在逐步弱化，一方面，我国人口老龄化越发突出，人口红利减弱。我国劳动年龄人口正在逼近峰值，加之农村人口转移速度下降，劳动力的供需形势正在发生新的变化。研究表明，1970～2010 年，劳动年龄人口的增长率高于总人口增长率，而此后则呈现相反的趋势，这意味着劳动力的供需形势正在发生变化，“人口红利”进入拐点时期。“人口红利”因素对经济增长的贡献逐步减弱，由此带来的直接后果是劳动力成本快速上升，保持经济持续较快增长必须更多依靠劳动生产率提高和科技创新的驱动。另一方面，很多其他发展中国家拥有比我们更廉价的劳动力，显然传统的比较优势不断弱化，加之粗放型经济增长方式带来的问题显现，亟须重构经济增长动力，为经济发展注入新的活力。

（2）经济增速放缓，进入新常态

在经济新常态下，传统经济发展模式暴露出产能过剩、产业结构不合理、增长动力弱化等一系列问题。这一现象的出现，既有经济结构调整等内部因素，也有国际经济环境等外部因素。从内部因素来看，中国经济增速放缓的根本原因在于结构性问题。依据马克思的社会资本再生产理论，社会资本再生产的核心问题是社会总产品的实现，而能否实现，取决于供给和需求是否均衡，结构是否均衡。

当前中国经济的结构性问题表现为房地产高库存、宏观杠杆率过高、内需不足、基建产能过剩等。从外部因素看，国际经济环境的不确定性对中国经济的发展产生了较大影响，以中美贸易摩擦为代表的全球贸易保护主义抬头，导致中国进出口都受到严重冲击。因此，在这种背景下，中国经济需要通过调整结构实现转型升级。与此同时，新一轮产业革命，即工业革命 4.0 又为经济结构的调整升级提供了良好契机。工业革命 4.0 使得世界经济的性质将发生深刻变化：产业变革不断加速且呈指数增长态势，机器人、智能汽车、3D 打印等行业发展势头强劲，智能制造的广泛应用，将大幅改变全球制造体系。工业革命 4.0 基于互联网、云计算、大数据等新一代信息技术的集成应用，直接推动产业融合，促使新产业、新业态的蓬勃发展，反馈出新经济特征的信号。

通过以上分析可以看出，中国经济面临的问题，不能简单地说传统产业出了问题，而是数字经济背景下全球产业的核心竞争转向智能制造、清洁能源、产业数字化和数字产业化。

4.2.2　劳动要素使用情况

（1）劳动存量

马克思指出："劳动并不是它所生产的使用价值即物质财富的唯一源泉。"马克思赞同威廉·配第所讲的"劳动是财富之父，土地是财富之母"的观点，可见劳动要素的重要性。本书采用劳动力人口数来代表劳动存量，劳动力又称经济活动人口，是指年满 16 周岁，有劳动能力，参加或要求参加社会经济活动的人口，包括就业人员和失业人员。本书考察了改革开放以来劳动力的详细变化情况，并计算得到劳动增长率。

由表 4-1 可见，1978 年以来，我国劳动力数量呈现较稳定逐年上升趋势，2016 年开始下降。从增长率来看，2000 年以后，增速放缓，2016 年以后更是出现了负增长的情况，劳动力增长与总人口的变化以及人口结构变动息息相关。2000 年以来，我国人口自然增长率低于 1% 并持续走低，同时生育率降低，老年人口占比持续上升，老龄化问题越发突出，劳动力增长乏力，因此劳动生产要素拉动经济增长的动力不足。

表 4-1　1978 ～ 2021 年中国劳动存量及变化

年份	劳动力 / 万人	劳动力增长率 / %	年份	劳动力 / 万人	劳动力增长率 / %
1978	40682	3.31	2000	73992	1.65
1979	41592	2.24	2001	73884	-0.15
1980	42903	3.15	2002	74492	0.82
1981	44165	2.94	2003	74911	0.56
1982	45674	3.42	2004	75290	0.51
1983	46707	2.26	2005	76120	1.10
1984	48433	3.70	2006	76315	0.26
1985	50112	3.47	2007	76531	0.28
1986	51546	2.86	2008	77046	0.67
1987	53060	2.94	2009	77510	0.60
1988	54630	2.96	2010	78388	1.13
1989	55707	1.97	2011	78579	0.24
1990	65323	17.26	2012	78894	0.40
1991	66091	1.18	2013	79300	0.51
1992	66782	1.05	2014	79690	0.49
1993	67468	1.03	2015	80091	0.50
1994	68135	0.99	2016	79282	-1.01
1995	68855	1.06	2017	79042	-0.30
1996	69765	1.32	2018	78653	-0.49
1997	70800	1.48	2019	78985	0.42
1998	72087	1.82	2020	78392	-0.75
1999	72791	0.98	2021	78024	-0.47

数据来源：中国统计年鉴。

（2）劳动要素的价格变化

劳动要素的价格即工资，货币工资是名义工资，真正反映生活水平的实际工资，二者的换算关系为：

实际工资=名义工资/居民消费价格指数（CPI）

CPI 的变动在一定程度上反映了通货膨胀或紧缩的程度。由于 2000 年以前数据缺失，本书以 2000 年为基期，计算 2000～2021 年中国城镇单位就业人员平均实际工资水平以反映劳动要素价格的变化。

从表 4-2 可以看出，2000 年以来，平均实际工资水平呈上升趋势，这说明劳动要素的价格提升，即劳动力的使用成本不断增加，那么低成本劳动力比较优势逐步减弱，同时表明劳动力市场供给与需求之间的距离日益缩小，劳动要素的价格因供需差距缩小而提高，劳动要素在生产中的丰裕度逐渐降低，从而要素禀赋优势也随之发生变化。

表 4-2　2000 ～ 2021 年中国平均实际工资及变化

年份	平均名义工资 / 元	CPI/ %	平均实际工资 / 元	增长率 / %
2000	9333	100.4	9295.82	
2001	10834	100.7	10758.69	15.74
2002	12373	99.2	12472.78	15.93
2003	13969	101.2	13803.36	10.67
2004	15920	103.9	15322.43	11.01
2005	18200	101.8	17878.19	16.68
2006	20856	101.5	20547.78	14.93
2007	24721	104.8	23588.74	14.80
2008	28898	105.9	27288.08	15.68
2009	32244	99.3	32471.30	18.99
2010	36539	103.3	35371.73	8.93
2011	41799	105.4	39657.50	12.12
2012	46769	102.6	45583.82	14.94
2013	51483	102.6	50178.36	10.08
2014	56360	102	55254.90	10.12
2015	62029	101.4	61172.58	10.71
2016	67569	102	66244.12	8.29
2017	74318	101.6	73147.64	10.42
2018	82413	102.1	80717.92	10.35

续表

年份	平均名义工资 / 元	CPI/ %	平均实际工资 / 元	增长率 / %
2019	90501	102.9	87950.44	8.96
2020	97379	102.5	95003.90	8.02
2021	106837	100.9	105884.04	11.45

数据来源：中国统计年鉴。

（3）劳动力质量

劳动力质量是影响经济增长的关键因素。任何经济体的发展都是一个阶段性逐步优化的过程，劳动力的优化就是其表征之一。2021 年，全国各级各类学校 52.93 万所，在校生 2.91 亿元人，专任教师 1844.37 万人，学前教育毛入园率为 88.1%，义务教育巩固率为 95.4%，高中阶段教育毛入学率为 91.4%，高等教育毛入学率为 57.8%。各级各类教育基本全面普及，教育发展水平跨入世界中上行列。劳动力质量逐渐引起全社会的重视，人力资本积累增长迅速，在经济增长中发挥重要作用。

4.2.3　资本要素使用情况

本书选取资本存量作为衡量资本的指标，资本存量是众多重大经济问题研究中不可缺少的因素，学术界对资本存量的估算进行了大量研究。资本存量的数据并不能通过现有的数据统计体系直接获取，本书估算资本存量采用国际通用的方法，即高德史密斯（Goldsmith）1951 年开创的永续存盘法。公式如下：

$$K_t = I_t / I_t\text{index} + \left(1-\delta_t\right) K_{t-1}$$

其中，K_t 表示 t 年的资本存量，K_{t-1} 是上一年年末的资本存量，I_t 表示 t 年固定资产投资额。$I_t$index 表示 t 年固定资产价格指数，δ 表示固定资产折旧率。固定资产价格指数以 1978 为基期，即 1978 年固定资产价格指数为 100，I_{1978}index=100。

由以上分析，计算资本存量需要获取三个数据集，一是某一年份的资本存量数据，即基准期资本存量，二是固定资产投资总额数据，另外一个数据集是固定资产投资价格指数。本书使用的初始资本存量引自张军（2005），张军在估计资本存量的时候以 1952 年为基期，本书以 1978 年为基期，但是考虑到 1952～1978 年固定资产投资价格指数仅在 1978 年后才出现明显的变动（张军，2004），因此，笔者认为用以 1952 年为不变价格计算的初始资本存量水平来代替以 1978 年为不变价格计算的初始资本存量水平是可以接受的。因此，1978～2006 年的资本存量数据采用单豪杰（2008）的测算值，2007 年之后的资本存量数据依据资本积累方程计算而得，由于目前固定资产投资价格指数更新到了 2019 年，可以计算出 2007～2019 年的资本存量。

图 4-1 呈现了 1978～2019 年我国资本存量的变动趋势。总的来说，改革开放以来，我国资本存量保持了较高的增长速度，不过在 1989～1991 年及 2009 年以来发生了明显下降。究其原因，20 世纪 80 年代我国发生了较严重的通货膨胀，造成了经济发展的不协调，极大影响了生产效率，导致资本存量增速急剧下降。2008 年，爆发于美国的次贷危机给全世界带来了巨大冲击与影响，我国经济外部环境持续恶化，出口下降，国内市场也受到金融危机的波及，消费需求萎缩，实体经济受损，经济下行压力增大，导致资本存量增速持续下降。全球至今仍然处于“后危机时代”，资本存量增速仍处于走低趋势。

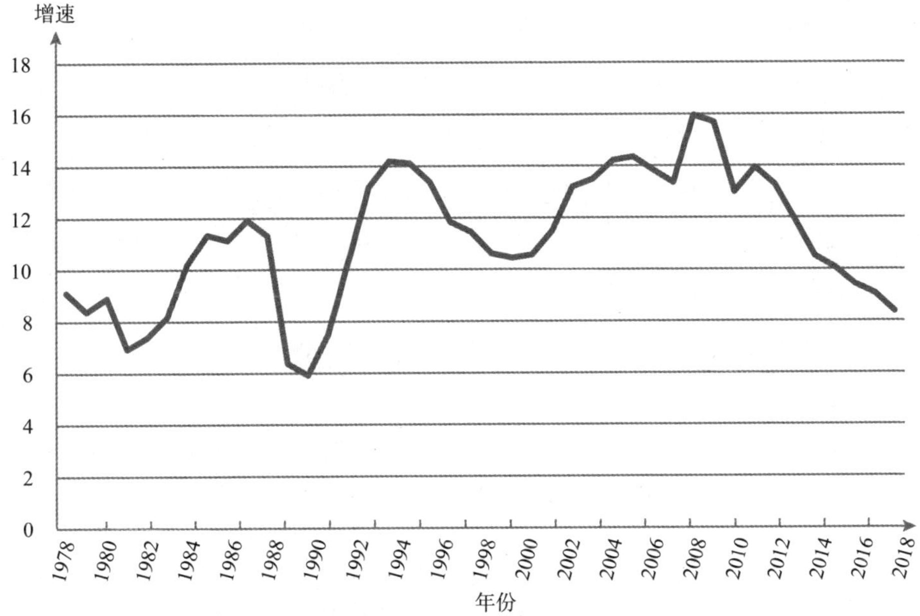

图 4-1　1978~2019 年中国资本存量增速变化

由表 4-3、图 4-2 看来，改革开放以来，我国资本存量呈逐年增长态势，但是资本存量只反映资本的绝对数额，不能反映真正的资本对于经济增长的贡献。同时，劳动存量也呈增长态势，但是资本存量的年均增长速度要远大于劳动存量增长速度，劳均资本呈逐年上升趋势。如图 4-3、图 4-4 所示，索洛经济增长模型提示我们，在资本边际收益递减且趋近于 0（满足稻田条件）的框架下，资本积累的动力逐渐消减，除非存在外生的人口增长或技术进步，否则经济不可能实现持续增长。较低的劳均资本水平意味着较高的资本边际收益，而在劳均资本增加的情况下，资本的边际收益是递减的。资本的边际收益才是决定经济增长的根本力量，而技术进步是改变资本边际收益递减趋势的唯一方式，所以技术要素对于经济增长有重要推动作用。

表 4–3　1978 ～ 2021 年中国资本存量估算值（1978 年价）

年份	资本存量 / 亿元	资本增长率 / %	劳均资本存量 /（元 / 人）	年份	资本存量 / 亿元	资本增长率 / %	劳均资本存量 /（元 / 人）
1978	5789.99	9.11	1423.23	1999	44455.64	10.63	6107.30
1979	6275.03	8.38	1508.71	2000	49099.32	10.45	6635.76
1980	6833.43	8.90	1592.76	2001	54290.34	10.57	7348.05
1981	7306.95	6.93	1654.47	2002	60529.97	11.49	8125.70
1982	7847.15	7.39	1718.08	2003	68511.53	13.19	9145.72
1983	8487.73	8.16	1817.23	2004	77752.20	13.49	10327.03
1984	9353.73	10.20	1931.27	2005	88801.71	14.21	11666.02
1985	10414.01	11.34	2078.15	2006	101533.00	14.34	13304.46
1986	11574.01	11.14	2245.38	2007	115574.22	13.83	15101.62
1987	12954.05	11.92	2441.40	2008	131003.57	13.35	17003.29
1988	14420.26	11.32	2639.62	2009	151915.14	15.96	19599.42
1989	15339.06	6.37	2753.52	2010	175755.52	15.69	22421.23
1990	16247.13	5.92	2487.20	2011	198591.04	12.99	25272.79
1991	17467.37	7.51	2642.93	2012	226265.1	13.94	28679.63
1992	19277.08	10.36	2886.57	2013	256286.1	13.27	32318.55
1993	21819.48	13.19	3234.05	2014	286864.75	11.93	35997.58
1994	24916.52	14.19	3656.93	2015	317002.8	10.51	39580.33
1995	28431.53	14.11	4129.19	2016	348915.88	10.07	44009.47
1996	32235.84	13.38	4620.63	2017	381758.02	9.41	48298.12
1997	36052.27	11.84	5092.13	2018	416313.79	9.05	52930.44
1998	40185.37	11.46	5574.57	2019	451117.26	8.36	57114.30

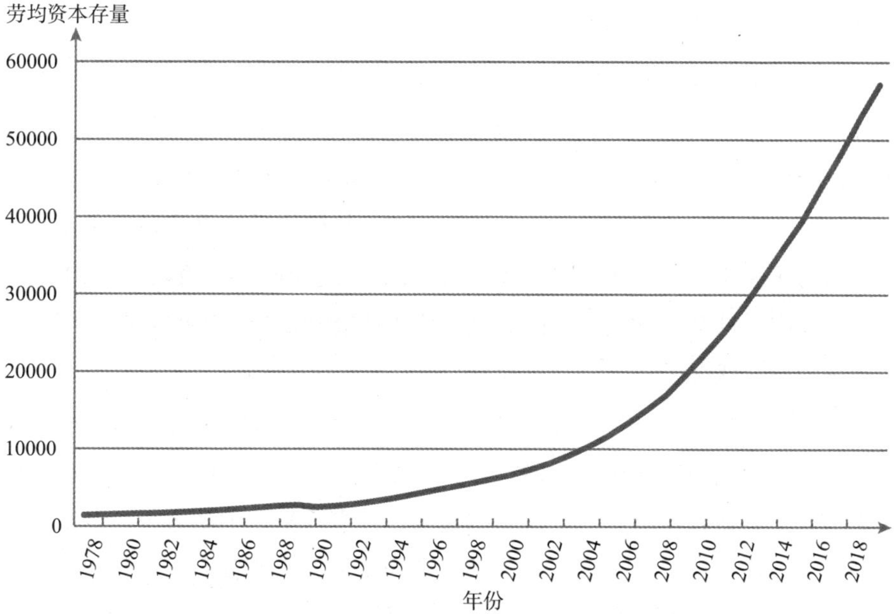

图 4-2　1978 ～ 2019 年中国劳均资本存量变化图

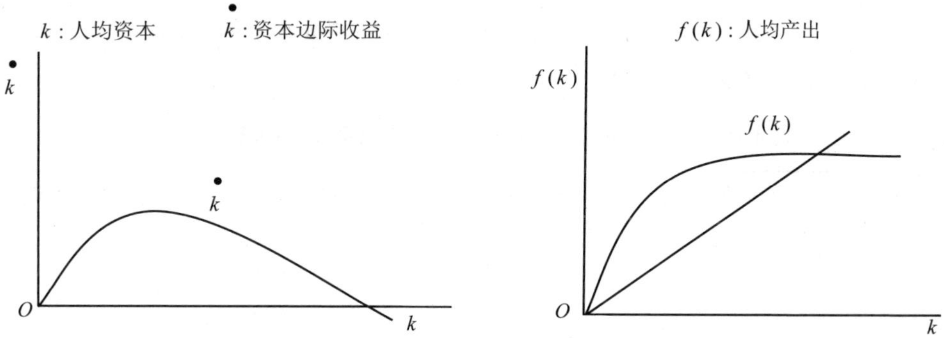

图 4-3　索洛经济增长模型

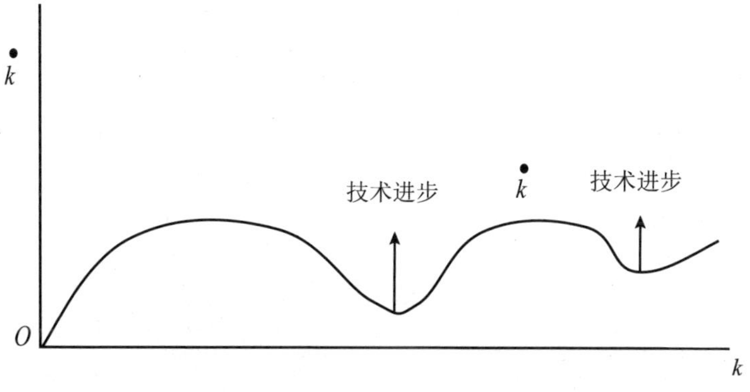

图 4-4　资本边际收益和技术进步

4.2.4 技术要素使用情况

技术要素是影响经济发展的一个重要因素。技术水平对于经济增长的影响是突破性的，可以在原有投入生产要素数量不变的情况下提高生产效率，降低单位成本，增加产出。目前，学术界对于技术水平尚无一个统一的衡量指标，而技术进步的源动力是科技创新，创新自然需要相关科研人员的参与和科研经费的支持，因而对于技术要素，本书选用研发（R&D）经费投入来表示，R&D 经费是指统计年度内全社会实际用于基础研究、应用研究和试验发展的经费，可以反映技术水平的投入状况。

由表 4-4、图 4-6 可以看出，1995 年以来，我国 R&D 经费支出呈不断增长趋势，增长率则处于波动中，最高为 2000 年的 31.45%。总的来说，我国 R&D 经费支出处于增长较快的状态，这表明我国的技术水平在不断进步，但技术的进步和突破不是线性增长的，技术发展到一定程度会进入比较明显的瓶颈，可以说技术越先进，进一步发展的瓶颈就越大，因而增长率时常处于波动中。近年来，我国积极实施科技创新驱动战略，重视科技创造在经济发展中的作用，因此我国技术水平取得了长足发展，但仍然面临单一型经济和低水平的科技创新能力，这也成为制约我国经济发展的重要因素之一。

表 4-4　1995 ～ 2020 中国 R&D 经费支出情况（1995 年价）

年份	R&D 经费支出 / 亿元	R&D 经费支出增长率	年份	R&D 经费支出 / 亿元	R&D 经费支出增长率
1995	348.69	11.01	2008	3505.22	17.48
1996	373.48	7.11	2009	4436.95	26.58
1997	457.33	22.45	2010	5228.63	17.84
1998	499.01	9.11	2011	6101.37	16.69
1999	623.45	24.94	2012	7049.86	15.55
2000	819.53	31.45	2013	7904.18	12.12
2001	946.89	15.54	2014	8513.89	7.71
2002	1178.99	24.51	2015	9140.94	7.37
2003	1393.00	18.15	2016	9914.73	8.47
2004	1712.28	22.92	2017	10959.60	10.54
2005	2095.71	22.39	2018	11997.33	9.47
2006	2530.90	20.77	2019	13120.13	9.36
2007	2983.64	17.89	2020	14100.46	7.47

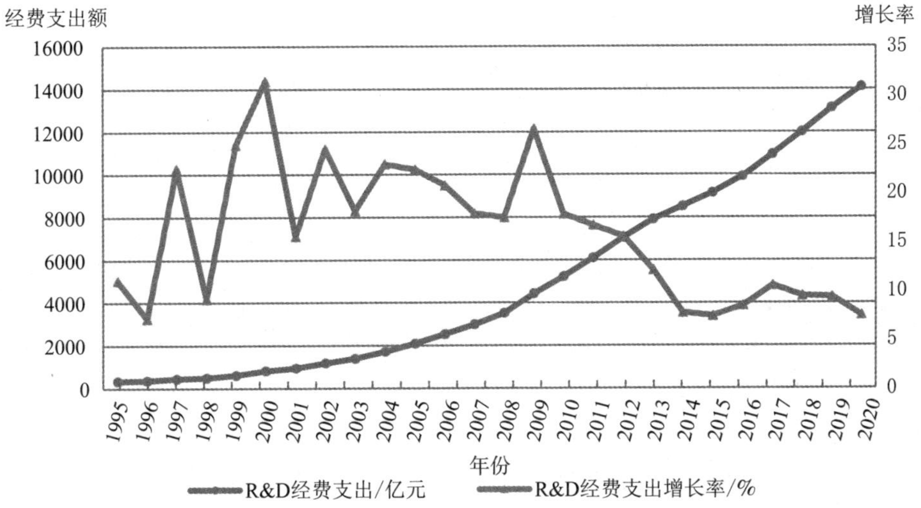

图 4-5　1995 ～ 2020 年中国 R&D 经费支出及增长率变化

4.2.5　数据要素使用情况

当前，数字经济已成为推动我国经济稳增长的重要引擎。中国通信院发布的《全球数字经济白皮书（2023 年）》显示，2016～2022 年，中国数字经济年均复合增长率达 14.2%，截至 2023 年 5 月，95 个国家（地区）的 256 家网络运营商提供商用 5G 服务，全球 5G 人口覆盖率约 30.6%，全球 5G 用户达到 11.5 亿，中国占 58%，中国 5G 基站数量占全球比例超六成。零壹智库发布的《中国数字发展指数报告（2021）》从数字产业化、产业数字化、数字科技三个方面构建了指标体系，对中国数字经济发展情况进行评估。柏培文和张云（2021）从数字产业活跃度、数字用户活跃度、数字创新活跃度与数字平台活跃度四方面对数字经济进行衡量。党琳等（2021）采用腾讯研究院发布的数字中国指数来衡量数字经济。赵涛等（2020）结合北京大学数字金融研究中心编制的中国数字普惠金融指数的相关研究，从数字金融发展、移动电话普及率、互联网普及率、相关从业人员情况与相关产出情况五方面来测度数字经济发展情况。本书对此方法进行借鉴，并使用熵权法进行合成。表 4-5 列出了部分原始指标数据。

表 4-5　2013 ～ 2022 年中国数据生产要素使用情况

年份	软件业务收入 / 万元	信息运输、软件信息技术服务业城镇单位就业人员 / 万人	光缆线路长度 / 千米	移动电话普及率（部 / 百人）	互联网宽带接入用户 / 万人	互联网普及率 / %
2013	305874743.1	327	17453709.2	109.95	18890.9	45.8
2014	370264197.3	336	20612529.22	112.26	20048.34	47.9

续表

年份	软件业务收入 / 万元	信息运输、软件信息技术服务业城镇单位就业人员 / 万人	光缆线路长度 / 千米	移动电话普及率（部 / 百人）	互联网宽带接入用户 / 万人	互联网普及率 / %
2015	428479158.8	350	24863348.24	109.3	25946.57	50.3
2016	482322235	364	30420755.06	110.55	29720.65	53.2
2017	551031186.6	395	37801073.37	115.91	34854.01	55.8
2018	619087337.7	424	43167888.41	126	40738.15	59.6
2019	720718724.7	455	47412442.31	128.02	44927.86	64.5
2020	815859101.5	487	51692051.4	125.8	48354.95	70.4
2021	955019881.2	519	54808232.79	129.09	53578.66	73
2022	1081256600		59580000	131.95	58965	75.6

从表 4-5 可以看出，随着信息技术的不断发展，尤其是互联网和移动通信技术迅猛发展，网络基础设施持续升级，数字技术迭代创新，为数字经济的快速发展提供了坚实的保障，因此，在近年来经济下行压力加大的情况下，数字经济依然保持平稳快速增长，成为驱动未来经济发展的引领力量。

4.3 数字经济背景下经济增长的新变化

4.3.1 数字经济背景下的经济增长以新技术为基础

新一轮科技和产业革命的浪潮带来了许多技术的颠覆性创新，且涵盖了从通用技术、制造技术到集成技术再到信息物理融合系统等多个层面。这些新技术引领了经济增长和经济发展的新热点，并已带来或即将带来巨大的经济收益。数字经济所涵盖的产业和细分行业非常广泛，涉及的技术包括高端芯片、操作系统、工业软件、核心算法与框架、处理器、云计算、软件关键技术、5G、物联网、大数据、人工智能、区块链、智能制造、数字孪生、城市大脑、边缘计算、脑机融合技术、下一代移动通信技术、量子信息、神经芯片、类脑智能、脱氧核糖核酸（DNA）存储、第三代半导体技术等，数字技术是数字经济长期快速发展的核心基础和创新源动力。中国信息通信研究院发布的《中国数字经济发展研究报告（2023 年）》显示，2022 年，我国数字经济规模达到 50.2 万亿元，同比名义增长 10.3%。其中数字产业化规模和产业数字化规模分别达到 9.2 万亿元和 41 万亿元，占数字经济比重分别为 18.3% 和 81.7%，数字经济的二八比例结构较为稳定。其中，三、二、一产业数字经济渗透率分别为 44.7%、24.0% 和 10.5%，同比分别提升 1.6、1.2 和 0.4 个百分点，二产渗透率增幅与三产渗透率增幅差距进一步缩小，形成服务业和工业数字化共同驱动发展的格局。

数字经济规模的稳步增长得益于数字技术的发展。数字新技术为数字经济的崛起提供了有力的支撑。具体表现在，首先，数字技术的普及和应用使得数据的获取、存储、处理和分析变得更加便捷和高效。这为数字经济的发展提供了充足的数据支撑，使得数字经济能够更好地发挥其优势。其次，数字技术的应用使得数字经济的服务更加智能化和个性化。例如，人工智能技术的应用可以为用户提供更加智能化的推荐服务，大数据技术的应用可以为用户提供更加个性化的服务。这些服务的智能化和个性化不仅提高了用户的满意度，也为数字经济的发展提供了更加广阔的空间。最后，数字技术的应用使得数字经济的交易更加便捷和安全。总之，以数字新技术为基础，数字经济的持续发展推动了我国经济实现更高效率的增长和发展。

4.3.2　数字经济背景下的经济增长以新兴产业为引擎

发展数字经济成为把握新一轮科技革命和产业革命新机遇的重要战略选择。随着数字新技术和数字经济的快速发展，一批新兴产业涌现。新兴产业是指在某一时期，对国民经济社会发展和产业结构升级具有重要作用的产业类型，具有全局性、长远性、导向性和动态性等特征。新兴产业涵盖的产业类型不是一成不变的，在不同时期，新兴产业的种类、特征不同，是一个动态变化的概念。工业化进程和经济发展水平在不断变化，因而从未来发展的视角去理解新兴产业可以赋予其更长久的内涵。从时间来看，没有哪一种产业一直保持新兴的地位；从空间来看，某一个国家或地区的新兴产业对于其他国家或地区来说则可能是成熟产业，当该产业在本地区不再具有发展潜力，可作为新兴产业将其重新布局到其他地区。到目前为止，学术界对于新兴产业并没有一个统一的定义，一些学者认为新兴产业是产业演进过程的初级阶段。也有学者认为，新兴产业不仅具备新的经济生产特点，而且已经形成了一定的产业规模，在整个产业中具有一定的影响力。综合已有研究成果，本书将新兴产业定义为，随着科学技术的发展及其科研成果在新的产业中的应用而产生的具有高技术含量、高附加值、资源节约等特点的产业类型，这些产业对于产业结构优化升级、构建现代产业体系、创新经济发展动力具有重要的促进作用。结合本书的研究背景，数字经济引领第四次科技革命，催生出人工智能、虚拟现实、云计算、大数据、生物科技等产业。从历次科技革命的发展历程来看，每一次科技革命的爆发都会带来新的产业并促进产业转型，形成新的产业分工格局。第四次科技革命的核心是网络化、信息化和人工智能的深度融合，在规模、深度、影响上都将超过前几次，推动产业改革，形成高端化、智能化、生态化的现代产业体系。而这些新产业同时也为传统制造业发展带来了新机遇，通过赋能传统产业，推动产业数字化和智能制造业的发展，成为数字经济时代经济增长的重要引擎。

4.3.3 数字经济背景下的经济增长以新生产方式为动力

数字经济作为产业发展的一大动力，为传统的生产方式转变提供了一个新的方向。数字化可以激活发展动力，激发创新能力，从而催生出更多新产业、新业态和新模式，以点带线、以线带面来进一步推动发展方式整体转型。和传统的经济发展模式相比，数字经济的迅速发展给予了生产力、生产关系和生产要素新的阐释。它不只在生产力方面推进了劳动工具的数字化改革，并且在生产关系层面构筑了以数字经济为基础的合作生产关系，在一定程度上推进了组织平台化、资源共享化和公共服务均等化，进而催生出共享经济等新模式，改变了传统商品交换，提高了资源优化配置效率。因而，数字经济将极大地解放和发展社会生产力，优化社会生产关系和生产方式，重构产业体系。另外，数字技术在与传感、仿生、人工智能、量子通信等高科技的有机结合应用上，使得巨额量超高速流动的信息数据流可以跨越距离限制，衍生出智慧产业、智慧城市、智慧社会、智慧生活等新业态，进一步推进社会生产力的发展和生产关系之间的变革。数字经济背景下，不断加快数字产业化升级、推进产业数字化转型成了推动经济高质量发展，打造数字经济新优势的主动选择。数字产业化指的是数据要素产业化、商业化和市场化；产业数字化是使用现代的数字信息技术、互联网和人工智能技术对传统产业进行多方面改造，然后推动数字经济和实体经济在各行业之间深度融合。推进数字产业化可以给产业数字化发展带来数字技术、产品、服务、基础设施、解决方案和完全依赖数字技术、数据要素的各类数字产品和服务，从而加快各行各业的发展以及数字化的转型升级。

4.3.4 数字经济背景下的经济增长以新经济形态为体现

随着云计算、大数据、宽带网络、智能终端的快速发展，共享经济这种新的经济形态产生。共享经济充满活力，创造了新的经济增长点，拓展出我国经济发展的新领域。共享经济以生产资料和生活资源的使用而非所有为产权基础，以租代买，实现互通有无，人人参与，协同消费，充分利用闲置资源，挖掘过剩产能的巨大价值的经济形态。共享经济的基础是人们把商品和服务的使用权看得比拥有权更重。共享经济最早于 2008 年在美国兴起，是人们分享闲置的房源、车辆、技能服务等，进而产生经济价值。中国共享经济模式发展迅速，成为新的经济增长点。共享经济自下而上地推动着经济制度改革，改变了传统商业模式，进而提高了经济运行效率。在传统供给模式下，消费者通过商业组织获得产品或服务。商业组织的高度组织化决定了它们提供的主要是单一、标准化的商品或服务。即使有少部分高端消费者需要个性化、定制化的高端产品和服务，也需要由产品或服务提供者依附于商业组织而间接提供。共享经济的出现，打破了这种局面。劳动者可以直接向最终用户提供产品或服务。这对供给侧结构性改革，具有积极意义。供给端的创造力被激发，从而提供更加丰富、个性、独特的需求。共享经济平台的优势在于：第一，平台本身通过聚集过剩产能，整合线下资源增加了大量价值。第二，每个个体都在增加价值。共享经济创新的本质在于将未被充分利用的资源转化成对拥有者有利的资源，提高了资源的配置效率，降低了成本，从而使供给方和需求方都从中获利。供给方通过共享令其闲置资产变现，从而获得经济利益，而对于需求方来说，供给方成本的降低使得其提供的资产价格降低，从而需求方相对获利。第三，群体之间整合成的网络形成了巨大价值。这一由群体组成的网络往往也是最重要部分。由于网络效应，智能平台上聚集的大量信息能让我们以指数级速度学习，我们可以及时获取有价值的信息，创生新的能量。

云计算、大数据、移动互联技术的快速发展为共享经济的诞生提供了沃土。共享不仅使消费者共享物品成为可能，而且大大降低了交易的信息成本，减少了信息不对称，提高了交易效率，也提高了资源配置效率。共享经济将我们传统的“拥有”“产权”等核心观念，转变为“使用”“共享”“合作”，改变了原来的生产和消费方式，是另一种路径的资源革命，不仅具有极大的商业价值，还有极其深刻的社会意义。可以预测，未来几年共享经济仍将快速发展，同时共享经济也推动科技创新和技术进步。互联网近 20 年的技术进步成果主要体现在消费领域，下一步将更多地集中于生产领域。基于云计算、信息技术等技术的共享经济平台，很容易将消费者的需求内部化、透明化，生产者可及时根据消费者的意愿进行生产，从而避免供给脱离实际需求的困局，有效提升了消费供给质量，满足消费者对产品或服务标准要求不断提高的需求，最大限度地释放出潜在的消费需求。这种从供给侧出发进行生产的模式恰恰表明了共享经济从供给端发力的思想，共享经济在供给侧改革中的地位可见一斑。可以说，共享经济是技术经济的综合体现，它是互联网技术和各行各业的业务结合，带来“轻资产”“个性化”的商业模式，进而从供给侧为整个国家的产业生态乃至国民经济带来深刻的革命。

在共享经济时代，过剩产能不再是烫手山芋，而是一种更加便宜、便捷的原材料。共享经济的鼻祖罗宾·蔡斯认为，利用过剩产能的成本总是比购买新的原材料要低，并且花费更少的时间和精力。共享经济虽然不直接生产商品，但它能够通过资源的重新配置产生新产品，进而刺激新的消费需求，这种方式可以节约产能，提高资源利用率，恰好符合供给侧改革强调从供给端发力、扩大有效供给的思想。共享经济快速发展需要具备的先决条件：

1）利用过剩产能实现实际的经济效益。这里的过剩产能是指闲置的社会化资源，而且不是传统的竞争性资源。共享的乐趣大于单纯的按需购买。

2）供求一体化，且两头的终端是个人或小型经济组织。将闲散的个人资源加以整合售卖，形成资源流动。

3）互联网是最为重要的载体。互联网即时化使得共享经济需求得到迅速响应。

在传统模式下，企业无法准确把握消费者需求，产能过剩、库存高压普遍存在，而在分享经济模式下凡是“下单”的都是有需求的，需求变得清晰可见。共享经济的优势在于：

1）打破信息的不对称性格局，竭尽所能共享一切信息。

2）对产生的大数据进行整合，使得资源利用最大化。

3）互联网的蜂群意志拥有自我调节作用。

可见，共享经济打破了传统模式下生产者和消费者角色割裂的局面，消费者可参与到生产环节中，由用户共同决策来制造他们想要的产品，也就是说，通过共享经济平台，消费者有针对性地选择自己需要的商品，可以有效地将消费者的需求反映内部化，表达了消费者的消费意愿，从而避免了供给脱离实际需求的困局。供给方针对需求方的个性需求，可以加大个性化、多样化的新型消费供给力度，有效提升消费供给的质量，满足消费者对产品或服务标准要求不断提高的需求，最大限度地释放出潜在的消费需求。同时，共享经济可以快速调动各类社会资源，提高供给的弹性和灵活度，能够较好地适应不断变化的消费需求。基于网络的互动评价系统可以及时反映供需双方的意见和要求，有利于提高供给的有效性。

此外，从生产能力和产业组织方式来看，目前很多传统产业的供给能力大大超出了需求，部分产业已经达到甚至超出资源承载能力，旧模式下的支柱产业房地产的库存压力很大，企业杠杆率偏高也使得投资加杠杆的模式难以为继，而这种产能过剩会导致增长减速和结构调整同步发生，形成负向循环，进一步加剧产能过剩。因此，产业结构必须优化升级，企业兼并重组、生产相对集中不可避免，新兴产业、服务业、小微企业作用更加凸显，生产小型化、智能化、专业化将成为产业组织新特征，共享经济将成为最具发展潜力的挖掘过剩产能巨大价值的新型经济形态。

4.4 数字经济背景下生产要素的新变化

4.4.1 数字经济背景下数据成为独立的生产要素

由生产要素的演变历程可知，生产要素的种类随着经济发展阶段的演进而不断扩展。经济学家对生产要素的种类划分经历了一个逐步深化的过程。从威廉·配第（1662）提出的土地和劳动的二要素论到让·巴蒂斯特·萨伊（1803）提出的土地、劳动、资本的三要素论再到阿尔弗雷德·马歇尔（1890）在沿袭三要素的基础上，首次将组织作为一个独立的要素，认为组织甚至比“有形东西”更重要。索洛（1956）提出的索洛经济增长模型，引入技术要素，研究储蓄率、人口增长率、技术进步与经济增长之间的关系，一直到内生增长理论又引入知识、人力资本和政府要素等种类。当前，资源枯竭和环境恶化的问题使传统的生产要素动能减弱，随着数字技术的广泛应用，数据成为数字经济时代的关键生产要素，对于驱动经济增长发挥着越来越重要的作用。数据作为新型生产要素，是数字化、网络化、智能化的基础，已快速融入生产、分配、流通、消费和社会服务管理等各个环节，深刻改变着生产方式、生活方式和社会治理方式。我国具有数据规模和数据应用优势，积极探索推进数据要素市场化，加快构建以数据为关键要素的数字经济，对构建新发展格局，推动经济高质量发展具有重要意义。在此背景下，正确理解数据这个新型生产要素十分必要。为什么数据能够成为新型生产要素？生产要素是随着人类社会发展而不断变化的，从一定意义上说，生产要素反映着人类社会不同发展阶段的生产力水平。21 世纪以来，互联网、大数据、云计算、人工智能、区块链等技术加速发展，数字技术、数字经济是世界科技革命和产业变革的先机，是新一轮国际竞争的重点领域。数据规模的爆发式增长，不仅在数字经济发展中的地位和作用凸显，而且对传统生产方式变革产生重大影响，催生新产业、新业态、新模式，成为驱动经济社会发展的关键生产要素。数据就是对客观世界状态变化的数字化记录。我们对数据的认识经历了一个不断深化的过程，从单纯认为数据是“信息资源”，将其看作静态的数据库，到逐步认识“大数据”的重要价值，认为其具有海量规模、多样化数据化结构、高速增长等特征以及高度经济价值，再到将数据看作一种与劳动、资本、土地、知识、技术、管理等生产要素并列的新型生产要素，从一个单纯的技术概念逐渐变成一种重要的战略资源。

4.4.2　数字经济背景下生产要素流动突破了时间和地域限制

与传统生产要素相比，数据生产要素是生产要素大家庭的“新面孔”，它超越了传统要素的基本属性、作用形态和增值方式，一跃成为数字经济时代抢占领先跑道的战略资源。从要素流动性来说，数据生产要素能够突破时间和地域限制，表现出强大的流动性。流动性差异是各种生产要素的一个重要区别。产生要素按照流动性由弱到强排序，依次为土地、劳动、技术、资本、数据。当然，不同的生产要素的流动性动因和表现形式不尽相同。土地流转和劳动力流动往往是市场经济“看不见的手”作用的必然结果，也是农民在限定条件下追求收益最大化的结果。技术流动的基本条件是技术输出与需求方的匹配，根本动力是为了通过技术的溢出效应实现和获取经济价值。投机性和逐利性是资本流动的基本特征，而资本在流动的同时常常会和其他要素裹挟在一起发生裂变，因此资本要素对经济社会的推动作用更加明显。流动性最强的数据要素呈现出速度更快、程度更深、领域更广的特点，成为生产要素大家庭中最富有增长价值的“潜力股”。一方面，互联网以及信息技术的发展促进了产业发展从链条式发展向网状式发展的转型，逐步迈向了产业互联网的发展时代；另一方面，数据要求有效拓展了人的学习资源，进一步激发了人的学习能力，推动了人力资本积累的加快且向高端化发展。与此同时，人工智能的快速发展则将劳动者从重复单调的低端劳动中解放出来，也进一步驱使其提升自身的数字化技能，顺应数字经济发展对劳动者提出的新要求，在市场的适配中逐步提升自身的技能素质，进而带动劳动者整体技能素质的提高。数字经济的发展推动了融资环境的完善，促进了资本配置效率的提高。

4.4.3　数字经济背景下生产要素从实物要素向虚拟要素转变

数据的形态比较广泛，从简单的符号、文字，到表结构数据库，再到数字化的图像、声音等，都是数据的范畴。数据本质上是把物理空间的物质通过“0-1”编码形式呈现在虚拟空间，从而实现数字孪生后的数据虚拟化生产。虚拟性或者说是非物理性是数据生产要素与传统生产要素的一个重要区别。作为对物理世界的测量和记录，数据是人类思维活动的体现，本身不具有物理属性，只有以书本、计算机、存储器等为载体，才体现出物理性。这是数据要素与土地、劳动、资本等物理性很强的生产要素的重要区别。土地是看得见摸得着的，是实物要素，资本要素看似是虚拟要素，但本质是货币。马克思指出，“金银天然不是货币，但货币天然是金银”。货币对应着实际资产，是实物要素。技术与数据较为相似，但技术是基于物理法则来解决某种实际问题，其与物理世界有很强的关联性。大部分技术还与物理材料、物理工具等深度绑定，并在一定时空范围内保持稳定不便，并且技术可以申请知识产权，因而技术要素具备实物属性。相比之下，数据要素则表现出更强的虚拟性，通过引导各类主体强化数据驱动的生产要素配置能力，可以实现要素数据化，促进劳动、资本、技术等要素在产业间、行业间、区域间的合理配置，提高全要素生产率，这是数据要素区别于其他生产要素的关键。

从实物要素向虚拟要素的转变突破了我国进入经济新常态时期增长乏力以及“双碳”目标下资源环境约束等的限制，为经济增长重新注入了新的活力。虚拟生产要素的出现带动了新产业、新业态、新模式的发展。以数据为驱动，以技术为支撑，以创新为核心，催生了产业数字化、人工智能、平台经济、互联网金融、智慧城市、移动办公与线上学习平台等新的产业和业态，极大地激发了我国国内大市场的活力与潜力，创造了大量的就业机会，涌现出越来越多的新型职业和就业形态，为就业市场带来了新的机遇，成为未来经济发展的重要增长点。

4.5 小结

本章指出了当前国际经济环境发生的新变化，认为在逆全球化思潮的背景下，全球经济面临转型，数字经济发展势头迅猛，具体从生产要素使用角度分析了中国经济的基本状况，通过分析发现，数据生产要素的应用已经渗透到了经济社会各个领域，正在对经济社会发展产生重大影响。在上述背景下，进一步探讨了数字经济带来的经济增长的新变化，具体表现为：数字经济背景下的经济增长以新技术为基础、以新兴产业为引擎、以新生产方式为动力、以新经济形态为体现。数据经济背景下生产要素的新变化表现为：数据成为独立的生产要素，生产要素流动突破了时间和地域的限制，生产要素实现了从实物要素向虚拟要素的转变。

第 5 章　数据生产要素影响经济增长的主要机制探析

5.1　与其他生产要素协同联动机制

当前，学术界关于数据要素和其他要素联动机制的研究尚不多见，还处于初步探讨阶段。德朗认为，相比于历次产业革命而言，以大数据、人工智能为代表的新兴信息技术所强化和延伸的是人的智能，而不是一般工业技术所强化的组织的技能，因此，数据要素并不能代替企业本身，但它是有效促进决策、提高效率的重要手段。杜秦川（2022）指出数据要素通过与劳动、资本等其他要素结合赋能来影响经济增长。王欣在归纳包括数据在内的整个信息技术对经济增长的作用时，认为其主要包括三个层面，即 IT 资本的深化、信息部门全要素生产率的提高和其他部门生产率的增长。综合以上研究成果，本书认为可以从基础支撑、渗透融合、整合赋能三个层面归纳数据生产要素与其他生产要素的协同联动机制，如图 5-1 所示。

（1）基础支撑

数字经济时代，数据作为一种生产要素介入经济体系，并以可复制、可共享、非竞争性、边际成本趋近于零的特点，成为联结创新、激活资金、培育人才的关键生产要素，正在对经济社会发展产生深刻影响。根据国家统计局发布的《数字经济及其核心产业统计分类（2021）》确定的数字经济基本范围，数字经济包括数字产品制造业、数字产品服务业、数字技术应用业、数字要素驱动业、数字化效率提升业五大类，可见，数字技术将与国民经济各行各业产生深度渗透和广泛融合。从具体应用来看，数字产业化围绕数据信息收集、存储、加工、传输、追踪，依托数据计算和运用的大数据、人工智能、边缘计算等技术向产业数字化提供数据技术、产品、服务、基础设施和解决方案等；产业数字化将数字技术应用于实体经济，提供给数字经济更广泛的数字化应用场景。总之，无论是数字产业化还是产业数字化，数据都是重要原料和关键投入，没有数据，数字经济就无从谈起，就是无源之水、无本之木。数据成为生产要素首先基于数据本身的数字化特征。以数据为中心，深度整合计算、存储、网络和软件资源，以充分挖掘数据价值为目标，以融合、协同、智能、安全、开放为特征而建设的数据中心和边缘基础设施被称为数据基础设施。数据基础设施是传统 IT 基础设施向数字化、智能化演进的必然结果，是数字经济发展的基本支撑。

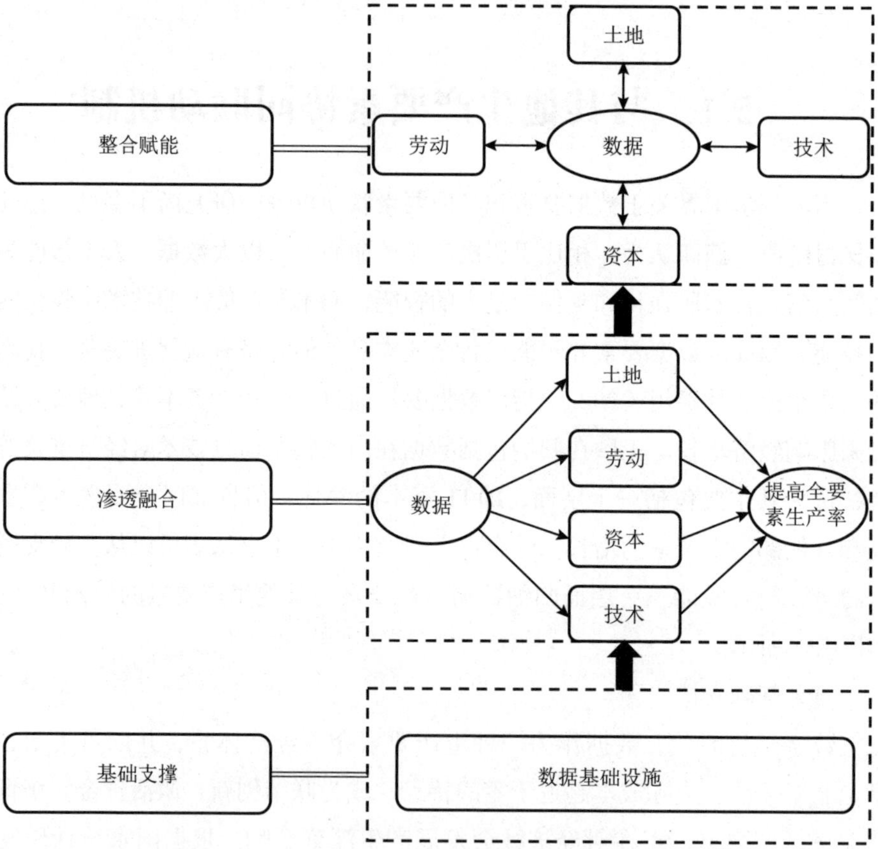

图 5-1　数据联动其他生产要素机制示意图

（2）渗透融合

数据生产要素不仅能够作为独立的生产要素发挥作用，而且能够作用于传统生产要素。数字经济时代，数据成为关键生产要素，但是并不意味着数据生产要素能够代替传统生产要素，相反，传统生产要素才是为数字经济发展提供数据来源和应用场景的基本要素。互联网、大数据、人工智能等数字技术在传统工业经济领域的广泛使用和深度融合，通过数据生产要素对传统生产要素的渗透、覆盖和创新，发挥数字技术对经济发展的放大、叠加、倍增作用，可大大提高传统工业的全要素生产率，推动传统工业生产方式向先进智能制造转型升级，也体现出数据生产要素发挥作用的深度和广度。从产业发展来看，随着数字技术与制造业、农业、服务业等产业的融合不断深化，数据要素将进一步深度赋能不同产业，推动三次产业协同发展及全价值链协同。

（3）整合赋能

在数据生产要素赋能其他要素的基础上，充分发挥数据生产要素的纽带作用，实现全要素数字化。在此过程中，数据对其他生产要素的作用不仅体现在其他生产要素本身的数字化转型上，而是通过数据生产要素，实现土地、劳动、资本、技术等各种生产要素之间的相互影响及流转的全面数字化智能化改造，发挥"黏合剂"作用，使得不同要素链条在不同行业、不同地区成链条、结盟，重构原有产业的资源配置状态，实现互联网、大数据、人工智能等数字技术与实体经济、科技创新、人力资源协同发展，推动国民经济全要素数字化转型。

5.2　优化要素结构

传统的要素结构曾经为中国经济增长起到了极大的促进作用，随着数字经济时代的到来，数据生产要素对经济增长的拉动作用凸显。如今，全球经济面临考验，衰退风险增加，中国经济同样存在一定的下行压力。2021 年年末召开的中央经济工作会议首次提出"我国经济发展面临需求收缩、供给冲击、预期转弱三重压力"。借助数字经济的东风，我国经济未来增长的潜力可基于包含数据生产要素在内的要素结构优化，着力经济的结构性增长。结构性增长是指国民经济中的经济结构均衡发展且保持增长，从要素结构层面来说，就是通过合理布局和分配生产要素，将要素投入型增长转变为要素效率型增长，着力于以生产要素的最佳配置优化要素结构，促进经济增长。

数据生产要素被纳入生产要素范围，势必引起要素结构的变化，各种生产要素的占比、价格以及利用效率都会发生变化，以数据为关键生产要素的要素结构呈现出较高的要素组合效率，可以最大化生产效益和利润，为企业发展和经济增长提供更强的动力，如图 5-2 所示。

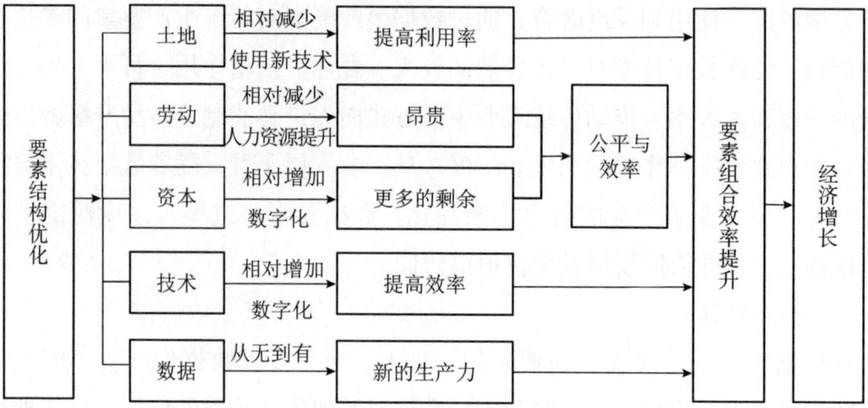

图 5-2　要素结构优化对经济增长作用机理示意图

改革开放以来，中国经济取得了快速增长，根据联合国《全部经济活动国际标准行业分类》(简称《国际标准产业分类》，(International Standard Industrial Classification of All Economic Activities，ISIC)，中国拥有 41 个工业大类、207 个工业中类、666 个工业小类，产业门类齐全，基础设施完善，拥有最完整的产业门类，产业链条大而全是基础，大而强、大而优则是未来的发展方向。从中国 GDP 在各产业的分布来看，没有哪个产业贡献尤其突出，因而未来中国经济增长不是由一两个支柱产业带动。在新一轮科技革命的重大机遇下，产业结构正在面临深刻调整，数据要素化不仅推动传统产业的数字化转型，同时催生了新产业、新业态、新模式，将成为未来经济增长的新引擎。数据要素化的生产要素变化表现为整体的自然资源投入量相对减少，资本投入量相对增加，劳动要素投入量相对减少，技术、数据投入量相对增加。由于自然资源的不可再生性，自然资源在要素结构中投入量占比减少是必然的，提升不可再生能源的利用效率是应对其数量衰减的有效途径，而通过数据生产要素赋能又是提高其利用效率的重要抓手。老龄化背景下，我国的“人口红利”逐渐消失，劳动要素变得稀少而昂贵，资本要素的相对增加则有利于扩大再生产，积累更多资本，为技术创新提供资金保障，技术创新又是数据要素价值化的基本支撑，从而引起新一轮的要素结构变化。

5.3　数字产业化和产业数字化

数字经济的发展可以通过数字产业化和产业数字化来推动产业结构的转型升级，最终推动社会经济增长并带动社会治理方式的重构和升级。如图 5-3 所示，数字技术是推动数字产业化与产业数字化的核心力量。随着数字经济的蓬勃发展，数字技术不仅能够催生全新的模式、产业和业态，还能够为产业结构升级提供强有力的推动，从而实现数字产业化目标。另外，由于传统商业模式难以适应新兴市场和用户需求，导致产业数字化程度较低，从而限制了产业的进一步发展。大数据、人工智能和数字平台可以将数字技术与传统产业有机融合，实现传统产业生产过程的智能化，推动产业向数字化转型的方向发展，对经济增长产生积极影响。

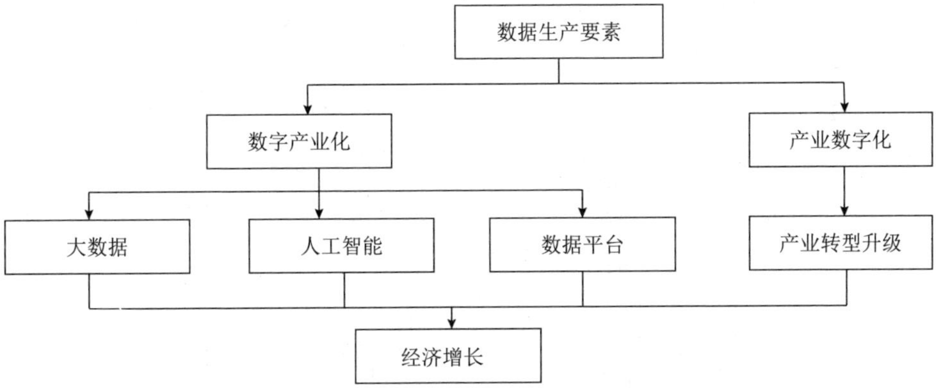

图 5-3　数据生产要素促经济增长示意图

数字产业化是基于数字技术而产生的产品和服务，产业数字化是指将数字技术应用于原有产业，从生产、供应链、管理、营销等各个环节实现数字化、网络化、智能化的转型，从而带来产出的增长和效率的提升。在智能制造、物联网等技术的支持下，数字产业化和产业数字化正在成为经济转型升级的重要途径。数据要素化赋予了生产要素、生产力和生产关系新的内涵和活力。数据赋能下，当前生产力获得了高速发展，由生产力和生产关系的辩证关系可知，生产力的发展要求生产关系发生相应的变化与之相适应，而数字经济的发展恰恰催生了新的生产关系形态，例如基于数字技术的共享合作关系，并且趋向一种自由合作关系，形成一种新的组织结构。同时，催生出基于5G、集成电路、人工智能、大数据、云计算、区块链等技术和服务的电子信息制造业、电信业、软件和信息技术服务业、互联网行业等，重构了产业体系，推动传统产业体系转型升级。具体机制如图5-4所示。

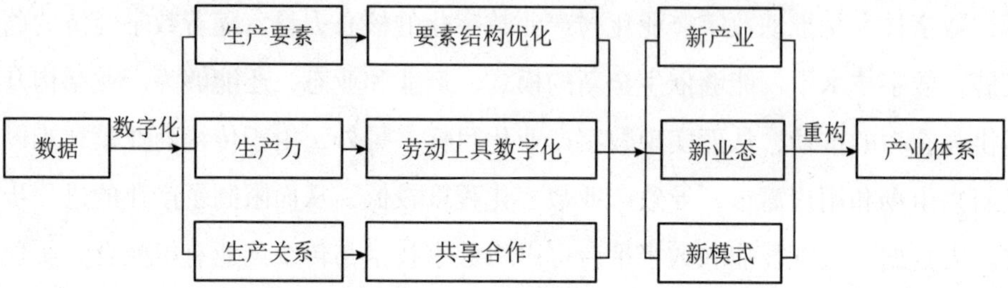

图 5-4　数字产业化对经济增长作用机理示意图

产业数字化过程中，原有产业的研发、生产、管理及销售等环节广泛采用数据生产要素，通过数字技术使生产过程智能互联，供应链和消费链智能互联，生产者和智能服务平台智能互联，智能匹配社会资源，不仅对原有产业生产过程中的资源进行重新优化配置，而且通过加快知识的积累和技术的进步推动传统生产要素智能化，扩大和延伸劳动者在生产过程中脑力劳动等复杂劳动，使原有产业生产结构所含的知识与技术要素更加丰富，数字化资本通过这两方面拓宽原有产业的生产结构，提高生产效率，使产出得以增长，如图 5-5 所示。

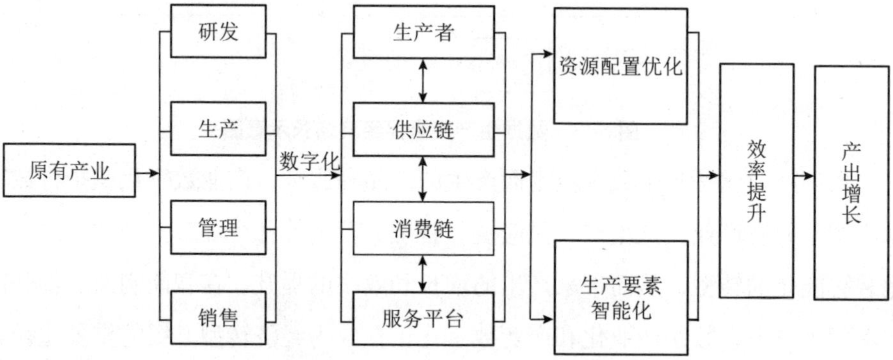

图 5-5　产业数字化对经济增长作用机理示意图

产业数字化转型的实现，可以使企业利用数字化技术打破时间和地域局限，将产品和服务提供给更多潜在客户，同时重构客户体验，使得客户和企业发生的需求、交易、体验得以提升，提高企业传出效率，另外，数字化转型能够让企业利用现代数字技术重构企业的制造和管理，调整企业的要素配置，从而提高资源配置效率，降低生产经营成本。

可见，数据生产要素的引入，不仅优化了生产要素结构，而且可以对传统产业进行改造，提升生产力水平，改善生产关系，促使传统生产方式发生变革，促进经济发展跨越式提升。

数字产业化和产业数字化之间存在密不可分的关系。首先，数字产业化和产业数字化的目标是相同的，都是以提高生产效率和提升经济效益为目标。其次，数字产业化是产业数字化的支撑和实现手段。数字产业化能够为产业数字化提供数字技术、产品、服务、基础设施、相应解决方案以及完全依赖数字技术、数据要素的各类数字产品和服务，从而引领和推动各行各业的快速发展和数字化转型升级。最后，产业数字化的推进，又会产生关于各行各业生产、经营、销售等海量相关数据，为数字产业化提供源源不断的源头活水和数据资源，推动我国数字产业不断做大做强，催生数字产品制造业、数字产品服务业、数字技术应用业、数字要素驱动业、数字化效率提升业等数字产业。因此，数字产业化和产业数字化是相互促进、协同发展的过程。

5.4　数字政府

数字经济时代，数据变成了一种不可缺少的生产要素，其在挖掘、存储、管理、分析、交换等领域的应用逐渐完善，数据的供应链与价值链逐渐成熟，形成了一套较为完善的工业系统，除此之外，数据生产要素还推动了数字政府建设，只有构建适用于数字经济发展规律的数字政府，才能安全高效地提升数字经济的治理，进而规范和引导数字经济的健康持续发展。具体来说，数字政府可从数据共享、宏观调控、民生保障、社会治理等方面发挥服务作用（图 5-6）。

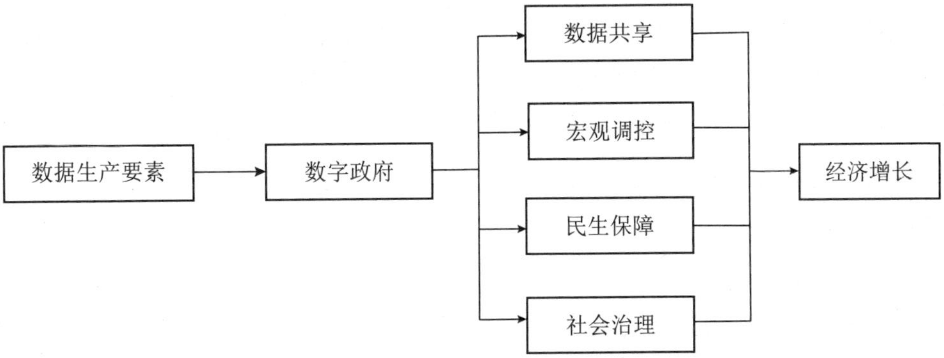

图 5-6　数字政府促经济增长机理示意图

（1）数据共享

数字政府，数据先行，数据共享是提升政务服务效能的重要抓手。通过大数据、互联网、人工智能等数字技术建设线上服务平台，增强各区域、部门间的交流，收集公众的合理化需求与建议，打破各部门数据壁垒和堵点，优化再造服务流程，提高服务质量。建立公平、透明、开放、共享的市场环境，建设全国统一大市场，促进数据要素的自由流通，“数据跑”代替“群众跑”，优化经济发展环境，促进社会和谐稳定。

（2）宏观调控

数据生产要素为政府提供了全新的工具以支持宏观调控的实施。数据生产要素应用于社会生产生活中，使政府部门在监测经济运行态势中可以发挥更大的作用，通过挖掘和开发各类经济数据，更加深入、精准、高效地实施宏观调控，从而对各类风险和挑战进行有效的防范和化解。在商业流通、市场价格、生产制造、安全生产等市场监督管理方面，数字政府通过对市场运作的实时感知，可以对事前、事中、事后进行全链条科学高效的监管；针对公共卫生、自然灾害等重大突发事件，政府应急管理机构可以利用行业和监管数据，构建“数据靶场”，开展“数据演习”，为重大突发事件的科学管理、研判决策和调度指挥等工作提供数据支撑。

（3）民生保障

数据生产要素为提升民生福祉带来全新的回报。大数据与互联网融合发展是时代潮流，也是经济社会转型升级的必由之路。人民群众日益增长的美好生活需要向多元化、多层次发展，数据产业将更加适应不同场景的现实需要，更好地满足各种民生需求，进而提升和改善民生保障水平。数据生产要素在文化教育、辅助诊断、体育健身、养老育幼等生活场景中的充分应用，可进一步强化多元主体的交互性，推动公共服务朝着双向沟通和多元互动的方向发展，及时捕捉社会需求，使企业、社会组织和居民深度参与公共服务决策，推动形成更加精准高效、公平可及的公共服务；同时，数据生产要素驱动政务服务流程和服务模式向便利化发展，增强公共服务的普适性和情境化，实现符合时代发展潮流、市场现实需求的服务供给。

（4）社会治理创新

数据生产要素为推动我国社会管理事业的发展开辟了崭新的发展空间。一方面，数据生产要素可以重新塑造社会治理体系的架构、运行机制和工作流程，创造出一个新的万物互联、人机互动的治理空间，拓展各种类型的数据在社会治理中的运用范围，有效满足信息共享、部门联合、综合研判、服务保障、跟踪监督和应急处理的需要，实现全过程、全要素和全场景的动态管理，为社会治理带来新的范式、新的工具和新的方式。另一方面，数据行业还可以创造出一种让所有人都可以参与、贡献并维护的社会治理生态，让人们积极地参与到社会治理中，更好地感受自己的价值。

5.5　小结

本章探讨了数据生产要素影响经济增长的主要机制。数据生产要素通过基础支撑、渗透融合、整合赋能等方式与其他生产要素协同联动促进经济增长。数据成为生产要素，使要素结构得到优化，土地、劳动、资本、技术、数据等生产要素的组合效率得以提升，进而促进经济增长。数字产业化和产业数字化是数字经济的两种基本形式，是数字化转型的重要方式，同时，两者之间还存在相互促进、协同发展的关系，在经济发展中，共同发挥作用。数字政府以其数据共享、宏观调控、民生保障、社会治理等功能为经济增长提供支撑和保障。

第 6 章　数据生产要素影响中国经济增长的实证分析

6.1　实证设计

6.1.1　模型设计

在理论分析基础上，为研究数据生产要素对中国经济增长的影响，构建如下基准回归模型：

$$Labeff_{it} = \alpha_0 + \alpha_1 Dig_{it} + \alpha_2 X_{it} + \lambda_i + \eta_t + \varepsilon_{it} \tag{6-1}$$

其中，$Labeff_{it}$ 表示第 i 个地区第 t 年的经济发展效率；Dig_{it} 表示第 i 个地区第 t 年的数据生产要素；X_{it} 表示影响经济发展效率的一系列控制变量；λ_t 为地区固定效应；η_t 为时间固定效应；ε_{it} 表示随机误差项。

6.1.2　变量选取

（1）被解释变量

本节以中国经济增长作为被解释变量，使用经济发展效率来衡量中国经济增长，借鉴许士道，江静（2021）的方法，用劳动生产率的对数来表示经济发展效率（*Labeff*）。

（2）解释变量

本节以数据生产要素（*Dig*）作为解释变量。关于数据生产要素，不同学者采用不同的衡量方法。陈治、张少华（2023）构建了中国城市数字经济发展指标体系，以人均电信业务总量、移动电话用户数、互联网宽带接入用户数等为指标，采用主成分分析法对各指标赋权，使用线性加权法得到数字经济发展指数。程筱敏、邹艳芬（2022）从数字基础设施、数字产业创收、数字服务能力和数字创新能力四个维度构建了数字经济综合评价体系。赵涛等（2020）从互联网发展和数字金融普惠两方面对数字经济综合发展水平进行估测。本书综合现有关于数字经济测度的文献，结合数据生产要素的特点，从数字金融发展、互联网普及率、相关从业人员情况、相关产出情况和移动电话普及率五个指标来测度数据生产要素。其中，数字金融发展采用中国数字普惠金融指数，该指数由北京大学数字金融研究中心和蚂蚁金服集团共同编制，其余四个指标的原始数据均可直接获得。

（3）控制变量

固定资产投资（*Inv*），采用固定资产投资占GDP之比。城镇化水平（*Urb*），采用城镇人口占总人口比重。融资环境（*Fin*），采用金融机构贷款总额与GDP之比。对外开放（*Open*），采用外商直接投资与GDP之比。

（4）门槛变量

政府效率（*Gov*）。促进经济增长、实现充分就业、稳定物价和保持国际收支平衡是宏观调控的四大目标，本节以此为出发点，借鉴李瑶等（2022）的指标构建，并结合政府投入采用熵权法来构造衡量政府效率的指标的建设水平。其中，政府投入采用政府财政支出占GDP之比；经济增长采用GDP数据；就业水平采用失业率数据；物价采用居民消费价格指数；国际收支平衡采用净出口与进出口总额之比。

市场化水平（*Mar*）。王小鲁等（2021）从政府与市场的关系、非国有经济发展、产品市场发育程度、要素市场发育程度及市场中介组织的发育法治环境等方面对市场化水平进行测度，鉴于王小鲁等（2021）测算的市场化指数为省级层面，因此，本节借鉴梁琦（2021）的方法，将这一指数与相应的地级市进行匹配，由此得出各城市的市场化指数，如表6-1所示。

表6-1　变量定义与说明

变量类别	变量名称	变量符号	变量定义
被解释变量	经济发展效率	*Labeff*	劳动生产率的对数
解释变量	数据生产要素	*Dig*	综合数字金融发展，互联网普及率等五方面数据，使用熵权法进行合成
控制变量	固定资产投资	*Inv*	固定资产投资占GDP之比
	城镇化水平	*Urb*	城镇人口与总人口之比
	融资环境	*Fin*	金融机构贷款总额与GDP之比
控制变量	对外开放	*Open*	外商直接投资与GDP之比

续表

变量类别	变量名称	变量符号	变量定义
门槛变量	政府效率	*Gov*	综合政府投入、经济增长、就业水平等指标，运用熵权法进行合成
	市场化水平	*Mar*	综合政府与市场关系、非国有经济发展，产品市场发育程度等指标

6.1.3　数据来源与描述性统计

由于涉及变量较多，考虑到数据的可获得性，本书去除新疆、西藏的地级市及海南省的三沙市、儋州市，选取 2011～2019 年 282 个地级市的面板数据进行研究，数据主要来源于《中国城市统计年鉴》、各地级市统计年鉴、EPS 数据库等。各变量的描述性统计结果如表 6-2 所示。

表 6-2　变量的描述性统计

变量类别	变量名称	变量符号	样本量	均值	标准差	最小值	最大值
被解释变量	经济发展效率	*Labeff*	2538	3.726	0.385	1.232	5.288
解释变量	数据生产要素	*Dig*	2538	0.097	0.053	0.019	0.518
控制变量	固定资产投资	*Inv*	2538	0.791	0.410	0.001	2.907
	城镇化水平	*Urb*	2538	0.537	0.147	0.208	1.000
	融资环境	*Fin*	2538	0.971	0.591	0.118	9.622
	对外开放	*Open*	2538	0.017	0.018	0.000	0.205
门槛变量	政府效率	*Gov*	2538	0.017	0.018	0.003	0.685
	市场化水平	*Mar*	2538	6.855	1.600	2.372	11.109

6.2　实证结果分析

6.2.1　基准回归结果

表 6-3 显示了数据生产要素对经济增长影响的回归结果，列（1）至列（4）均采用固定效应进行回归。其中列（1）、列（2）为未控制时间效应的回归结果，列（1）中未加控制变量，列（2）在列（1）的基础上加入了固定资产投资、城镇化水平、融资环境、对外开放等控制变量。由表中列（1）可知，数据生产要素的系数显著为正，这表明数据生产要素可以显著促进经济增长。数据生产要素通过对传统生产要素的渗透、覆盖和创新，可大幅提高传统工业的全要素生产率，推动传统工业生产方式向先进智能制造转型升级，也体现出数据生产要素发

挥作用的深度和广度。数据生产要素对其他生产要素的作用不仅体现在其他生产要素本身的数字化转型上，而且通过数据生产要素的纽带作用，可以重构原有的要素配置结构，数字化、网络化、智能化为优化原有产业的资源配置提供了技术基础，数据生产要素渗透到生产、流通、分配、消费等各个环节，从全产业链条推动国民经济全要素数字化转型。在列（2）中加入控制变量后，这一结果不变。在列（3）、列（4）中引入时间效应后，数据生产要素系数依然显著为正。

表 6-3　基准回归结果

变量	（1）	（2）	（3）	（4）
Dig	4.545 （0.150）	2.887 （0.191）	0.937 （0.237）	1.033 （0.234）
Inv		−0.108 （0.013）		−0.016 （0.018）
Urb		1.655 （0.128）		0.196 （0.150）
Fin		−0.043 （0.013）		−0.086 （0.012）
Open		0.647 （0.403）		1.684 （0.375）
_cons	3.284 （0.015）	2.672 （0.062）	3.508 （0.017）	3.455 （0.078）
地区效应	是	是	是	是
时间效应	否	否	是	是
N	2538	2538	2538	2538
R^2	0.290	0.369	0.455	0.473

6.2.2　稳健性检验

为保证实证结果的稳定性与可信性，本节运用以下两种方法进行稳健性检验。

（1）替换被解释变量

第一种方法采用 GDP 对数对经济增长指标进行替换，实证结果如表 6-4 列（1）、列（2）所示。由此可以看出，数据生产要素系数显著为正，与基准回归结果一致。

（2）内生性问题

考虑到数据生产要素与经济增长存在双向因果关系，即数据生产要素的广泛应用可以促进经济增长，而经济增长代表更高级的数据生产要素发展水平。因此，第二种方法以数据生产要素的滞后一期与滞后两期作为工具变量进行 2SLS 回归。回归结果如表 6-4 列（3）、列（4）所示。数据生产要素系数依然显著为正，因此可验证回归结果的稳健性。

表 6-4　稳健性检验结果

变量	(1)	(2)	(3)	(4)
	替换被解释变量		工具变量法	
Dig	0.464 (0.171)	0.631 (0.163)	1.292 (0.301)	5.436 (1.764)
控制变量	否	是	否	是
地区效应	是	是	是	是
时间效应	是	是	是	是
Kleibergen-Paap rk			109.97	22.036
LM 统计量			[0.000]	[0.000]
Kleibergen-Paap rk			423.279	26.683
Wald F 统计量			{16.38}	{16.38}
N	2538	2538	2538	2538
R^2	0.676	0.709	0.147	0.063

6.2.3　非线性效应

为验证数据要素对中国经济增长的非线性效应，本小节进行门槛检验。门槛面板回归模型如下所示：

$$Labeff_{it}=\alpha_0+\alpha_1 Dig_{it}\times I(Dig_{it}\leqslant m)+\alpha_2 Dig_{it}\times I(Dig_{it}>m)+\alpha_3 X_{it}+\varepsilon_{it} \tag{6-2}$$

其中，Dig_{it} 为数据要素水平，m 为门槛值，X_{it} 为影响经济发展效率的一系列控制变量。考虑到存在多个门槛值的情况，这里以两个门槛值 m_1、m_2 进行示范，建立式（6-3）的面板门槛模型。

$$Labeff_{it}=\alpha_0+\alpha_1 Dig_{it}\times I(Dig_{it}\leqslant m_1)+\alpha_2 Dig_{it}\times I(m_1<Dig_{it}\leqslant m_2)+\alpha_3 Dig_{it}\times I(Dig_{it}>m_2)+\alpha_4 X_{it}+\varepsilon_{it} \tag{6-3}$$

以数据生产要素作为门槛变量，表 6-5 的结果显示数据生产要素通过单一门槛检验，双重门槛检验未通过，因此数据生产要素存在单一门槛。表 6-6 列（1）中门槛变量为数据生产要素，列（2）中门槛变量为政府效率，列（3）中门槛变量为市场化水平。从表 6-6 可以看出，当数据生产要素低于 0.1865 时，数据生产要素对经济发展效率的促进作用为 4.007，当数据生产要素跨越门槛值后，这一效应降至 2.819，这表明数据生产要素对中国经济增长存在“边际效应”递减的非线性特征，这说明数据生产要素促进经济增长的作用呈现出由强变弱的非线性变化过程。从实证结果来看，数据生产要素对经济增长存在显著的正向促进作用，存在单一门槛，当跨越门槛值 0.1865 后，正向促进作用有所降低，由 4.007 变为 2.819。原因可能在于，随着数据生产要素的广泛使用，其对资源配置效率的提升及劳动生产率的增长有明显的促进作用，但是当数据生产要素的使用达到一定程度时，由前文分析，数据生产要素有可能带来各种风险，这种风险将会减少其对经济增长的正向促进作用，实证结果进一步验证了前文对于数据生产要素风险的研判。以政府效率作为门槛变量，表 6-5 的结果显示政府效率通过单一门槛检验，双重门槛检验未通过，因此政府效率存在单一门槛。从表 6-6 的结果可以看出，当政府效率低于 0.0124 时，数据生产要素对经济发展效率的促进作用为 2.086，显著为正；当跨越这一门槛值后，此作用提升至 2.894，这表明政府效率的不断提升会增加数据生产要素对经济发展效率的促进作用，可见政府效率的重要性，这表明有效的政府行为可以显著促进经济发展效率，因此，政府应加强数字基础设施建设，以数据为关键要素，赋能产业全链条，完善数据基础制度体系，加强数字政府建设，不断提高政府治理能力。当以市场化水平为门槛变量时，表 6-6 显示，市场化水平的门槛值为 5.9000 和 7.0300，由此可知，当市场化水平低于 5.9000 时，数据要素对经济增长的促进作用为 1.648，显著为正；当跨越这一门槛值后，促进作用进一步增强为 2.473；当市场化水平跨越双重门槛值 7.0300 时，数据生产要素对经济增长的促进作用又增至 3.039，实证结果表明，随着市场化水平的不断提升，数据生产要素对经济增长的促进作用会不断增强。较高的市场化水平为各种要素的创造、聚集、转移和应用创造了有利条件，提高了要素的供应规模和使用效率，要素市场化使得资源的分配效率和分配能力得到进一步提升，为经济发展效率的提升提供了新的途径。

表 6–5 门槛效果检验

门槛变量	模型	门槛值	F 统计值	P 值	Bootstrap 次数	临界值		
						1%	5%	10%
数据生产要素	单一门槛	0.1865	62.43	0.0700	400	80.6346	63.9618	56.0388
	双重门槛	—	21.60	0.6850	400	64.2007	51.5601	45.4296
政府效率	单一门槛	0.0124	40.11	0.0025	400	31.4342	26.5531	22.6769
	双重门槛	—	17.43	0.1050	400	30.5882	21.7162	17.7439
市场化水平	单一门槛	5.9000	31.27	0.0075	400	30.5992	24.4704	21.4774
	双重门槛	7.0300	22.86	0.0275	400	30.9859	20.1774	16.5029
	三重门槛	—	18.23	0.3500	400	42.2337	34.7846	28.1446

表 6–6　数据要素对中国经济增长的非线性回归结果

变量	(1)	(2)	(3)
	Dig	*Gov*	*Mar*
Labeff	4.007 (0.236)	2.086 (0.232)	1.648 (0.264)
Labeff	2.819 (0.198)	2.894 (0.190)	2.473 (0.216)
Labeff			3.039 (0.191)
Inv	−0.113 (0.013)	−0.105 (0.013)	−0.125 (0.013)
Urb	1.379 (0.135)	1.591 (0.128)	1.542 (0.128)
Fin	−0.102 (0.021)	−0.050 (0.013)	−0.042 (0.013)
Open	0.663 (0.505)	0.635 (0.400)	0.695 (0.400)
_cons	2.788 (0.063)	2.736 (0.063)	2.777 (0.063)
N	2538	2538	2538
R^2	0.386	0.379	0.382

6.2.4　空间杜宾模型

（1）模型构建

数据生产要素的共享性决定了本地数据生产要素的使用程度和发展水平，这会影响邻边地区数据生产要素的发展状况，进而对邻边地区的经济增长产生影响，因此，笔者构建如下模型：

$$Labeff_{it} = \delta_0 + \rho \mathrm{W}Labeff_{it} + \beta_1 Dig_{it} + \beta_2 X_{it} + \theta_1 \mathrm{W}Dig_{it} + \theta_2 \mathrm{W}X_{it} + \lambda_i + \eta_t + \varepsilon_{it} \quad (6\text{-}4)$$

其中，W 表示空间权重矩阵，δ_0 表示不随个体特征而发生变化的截距项，ρ 为空间自回归系数，β_i 表示数据要素水平的系数；θ_i 为数据要素水平解释变量的空间交互项系数；其他含义与式（6-1）相同。

（2）空间效应检验

使用莫兰指数进行空间效应检验，结果如表 6-7 所示。由此可知，2011～2019 年数据要素与经济发展效率的莫兰指数均为正，且通过了 1% 的显著性水平检验，这表明各城市的数据要素与经济发展效率均存在显著的趋同性空间关联。

表 6-7　2011～2019 数据要素与中国经济增长的 Moran’s I 指数检验

年份	数据要素		经济发展效率	
	Moran’s I	P 值	Moran’s I	P 值
2011	0.400	0.000	0.326	0.000
2012	0.411	0.000	0.299	0.000
2013	0.377	0.000	0.234	0.000
2014	0.385	0.000	0.277	0.000
2015	0.373	0.000	0.277	0.000
2016	0.343	0.000	0.320	0.000
2017	0.338	0.000	0.256	0.000
2018	0.291	0.000	0.335	0.000
2019	0.223	0.000	0.375	0.000

（3）实证结果分析

表 6-8 为空间杜宾模这型的回归结果。从回归结果来看，ρ 在 1% 的显著性水平下为正，表明经济增长存在显著的空间自相关。数据要素系数显著为正，这表明对经济增长具有显著的促进作用，与基准回归结果一致。数据要素的空间溢出效应估计系数显著为正，这表明数据要素具有正向溢出效应，本地数据要素的发展对周边地区的经济增长具有显著的促进作用。究其原因，首先，数据要素的广泛使用减少了区域间要素流动的壁垒，打破了地理的边界，实现了知识、资金、人才跨区域的流动，加之“示范效应”的存在，数字经济发展较快的地区可通过技术外溢、信息传播等途径对其他地区产生示范效应，促进相关知识和技术的传播和应用。其次，在当前社会经济发展条件下，区域间经济关联越发深入，区域经济增长方式的改变会对相关联地区产生影响，促进关联地区经济增长方式的转变，进而促进经济增长。

表 6-8　空间杜宾模型回归结果

变量	（1）	（2）
Dig	1.336 （0.195）	1.059 （0.197）
Inv		-0.037 （0.014）
Urb		0.686 （0.128）

续表

变量	（1）	（2）
Fin		-0.072 （0.011）
Open		1.158 （0.329）
W×*Dig*	2.478 （0.244）	0.710 （0.322）
W×*Inv*		-0.054 （0.018）
W×*Urb*		1.122 （0.245）
W×*Fin*		0.052 （0.021）
W×*Open*		-2.101 （0.670）
ρ	0.326 （0.024）	0.229 （0.026）
σ^2	0.025 （0.001）	0.023 （0.001）
N	2538	2538
R^2	0.092	0.086

本节进一步将总效应进行分解为直接效应与间接效应。数据要素对中国经济增长的直接效应、间接效应与总效应的实证结果如表 6-9 所示。从模型回归结果可知，数据要素对经济增长的直接效应的作用系数为 1.112，这表明区域数据要素的使用会促进本地经济增长；间接效应的作用系数为 1.198，证实了数据要素不仅可以促进本地经济增长，且可为邻边地区的经济增长提供技术支持。总效用的作用系数为 2.310。故而可知，间接效应在总效用中的占比为 51.86%，这表明数字经济对经济增长的促进作用在较大程度上是由空间溢出效应决定。

表 6-9　数据要素对中国经济增长影响的分解：直接效应、间接效应与总效应

变量	直接效应	间接效应	总效应
Dig	1.112 （0.195）	1.198 （0.374）	2.310 （0.408）
Inv	-0.042 （0.012）	-0.076 （0.018）	-0.118 （0.016）
Urb	0.762 （0.134）	1.556 （0.255）	2.318 （0.261）

续表

变量	直接效应	间接效应	总效应
Fin	-0.069 (0.012)	0.045 (0.023)	-0.024 (0.029)
Open	0.997 (0.389)	-2.304 (0.901)	-1.307 (1.050)

6.3 结论与对策建议

6.3.1 结论

本节基于2011～2019年地级市层面数据研究数据生产要素对于经济增长的影响，得出以下结论：

1）数据生产要素可以显著促进经济增长。在加入控制变量，控制地区效应与时间效应后，这一结果依然成立。

2）数据生产要素对经济增长的影响存在门槛作用，当数据生产要素跨越门槛值后，对经济增长的影响将有所下降。具体来看，当数据生产要素发展水平达到一定程度后，资源配置相对优化，劳动生产率的提升会逐步放缓，且数据要素会形成较高的储存成本挤占大量生产资源，造成资源错配，对经济增长的促进作用将会有所减弱。

3）数据生产要素对经济增长的影响存在基于政府和市场的非线性递增作用，当政府效率和市场化水平不断提升跨越门槛值后，数据生产要素对经济增长的促进作用会进一步增加。

4）数据生产要素对经济增长存在显著的空间溢出效应，由于竞争效应、示范效应、经济关联效应的存在，数据生产要素的发展促进了知识、资金、人才跨区域的流动，带动了邻边地区经济增长。

6.3.2 对策建议

完善数据基础制度，强化高质量数据要素供给。从数据确权、数据资产价值评估、数据定价规则等方面构建适应我国制度优势的数据要素市场体系；进一步完善数据安全保障体系，推进公共数据汇聚融合治理模式，鼓励各地区整合构建本区域一体化公共数据体系，切实保护数据安全；建立协同高效的数据要素治理体系，既要确保数据资源有序共享，打破部门信息壁垒，又要注意防范数据要素领域的垄断问题及不正当竞争风险。

数据要素赋能传统生产要素，推进数字产业化与产业数字化发展。数字创新和创业开发新的产品和服务，吸引人力和资本要素参与数字经济的发展，培育数字化新兴产业，为传统企业的产业数字化提供基本技术条件；大力推动产业数字化转型，运用数字技术形成产业链、供应链上下游全域数字分析传统产业的精准匹配供需提供帮助，开展数字技术示范应用，提高数字化产品和服务供给质量，以数智赋能产业高质量发展，以新业态新模式催生新的经济增长点；在数字经济新领域，培育一批代表性企业，成为推进产业数字化的市场主体，将产业链接"链"成"网"，实现技术迭代，突破"卡脖子"困境，提升我国在国际价值链分工中的地位，进一步优化产业结构，形成全球产业发展新高地。

推动"有效市场"和"有为政府"更好结合。运用数字化技术、数字化思维、数字化认知推动政务服务数字化、智能化，着力制定、更科学、公共服务更优良的政府决策，打造全方位、系统性、重塑性、市场有效、群众有感的市场环境。加快推进数据资源有序共享，加强市场监管，保障公共竞争和维护市场秩序，更好地以政务数据共享促进经济社会发展，服务企业和人民群众。

6.4　进一步研究：数据生产要素对绿色转型的影响

随着国内外经济环境的变化，我国经济已由高速增长阶段转向高质量发展阶段，从依赖传统生产要素转向依靠科技创新及数据生产要素，资源环境对经济发展的约束增强，因此，本书进一步对绿色经济增长进行了研究。绿色转型是新发展阶段推动高质量发展的必然要求。如今，数字经济发展势头迅猛，正深刻改变着社会生产方式和人们的生活方式。孔令章、李金叶（2022）考察了数字经济对中国绿色经济的影响，指出数字经济发展通过促进产业结构升级和技术创新提升中国绿色经济效率。肖静等（2023）的研究表明地区数字化水平通过绿色技术创新赋能长江经济带制造业绿色转型，提升了地区经济水平。孔芳霞、刘新智（2022）测算了数字经济发展指数值与工业绿色转型水平，实证检验了数字经济发展对工业绿色转型的影响特征，结果表明数字经济发展能够驱动工业绿色转型影响，并存在边际效应递增的非线性效应与空间溢出效应。

6.4.1 模型设定

为验证数据生产要素对绿色转型的影响，设立如下基准回归模型：

$$GTFP_{it} = \alpha_0 + \alpha_1 Dig_{it} + \alpha_2 X_{it} + \lambda_i + \eta_t + \varepsilon_{it} \tag{6-5}$$

其中，$GTFP_{it}$ 表示 i 城市 t 时期的绿色转型，Dig_{it} 表示 i 城市 t 时期的数据要素发展，X_{it} 表示一系列控制变量，λ_i 表示城市固定效应，η_t 表示年份固定效应，ε_{it} 表示随机误差。

基准回归模型可验证数据要素对绿色转型的影响，为分析数据要素对绿色转型的影响机制，明晰是配置效率起主导作用还是技术进步起主导作用，本节进一步构建如下模型：

$$GEC_{it} = \alpha_0 + \alpha_1 Dig_{it} + \alpha_2 X_{it} + \lambda_i + \eta_t + \varepsilon_{it} \tag{6-6}$$

$$GTC_{it} = \alpha_0 + \alpha_1 Dig_{it} + \alpha_2 X_{it} + \lambda_i + \eta_t + \varepsilon_{it} \tag{6-7}$$

变量选取方面，解释变量和控制变量与前述一致，只有被解释变量发生了变化，此模型中，被解释变量为绿色技术效率（*GEC*）和绿色技术进步（*GTC*），本节以绿色全要素生产率来衡量绿色转型发展水平，具体而言，采用 SBM 模型进行绿色全要素生产率测算，投入包括资本、劳动力与资源三方面，产出由期望产出与非期望产出两部分构成，其中，期望产出使用 GDP 来衡量，非期望产出则从固体废物、二氧化硫与废水三方面进行测算。各变量的描述性统计结果如表 6-10 所示。

表 6-10 变量的描述性统计

变量类别	变量名称	变量符号	样本量	均值	标准差	最小值	最大值
被解释变量	绿色全要素生产率	*GTFP*	2296	1.037	0.323	0.370	2.445
	绿色技术效率	*GEC*	2296	1.125	0.557	0.222	3.512
	绿色技术进步	*GTC*	2296	1.034	0.408	0.277	2.802
解释变量	数据要素	*Dig*	2296	0.103	0.053	0.026	0.518
控制变量	固定资产投资	*Inv*	2296	0.790	0.424	0.001	2.907
	城镇化水平	*Urb*	2296	0.547	0.147	0.223	1.000
	融资环境	*Fin*	2296	1.012	0.617	0.118	9.622
	对外开放	*Open*	2296	0.017	0.018	0.000	0.205

6.4.2　结果分析

（1）基准回归

表 6-11 是数据要素对绿色转型影响的基准回归结果。其中列（1）与列（2）采用 OLS 进行回归分析，由表 6-11 列（1）可以看出，核心解释变量数据要素系数显著为正，验证了数据要素对绿色转型存在显著的正向促进作用，表 6-11 列（2）加入控制变量后，此结论仍然成立。其中列（3）与列（4）采用固定效应进行回归，由此可以看出，数据要素系数依然为正，且通过了 1% 的显著性水平检验。这是因为，在传统经济发展模式下发展方式以粗放型为主，往往依靠能源、资本、劳动力等要素大量投入来实现经济增长。而数字经济可以通过信息与通信技术推动工业经济向信息经济转变，形成新的“技术—经济”范式。云计算、人工智能等新技术的发展，可以减少交易中的不确定性，降低交易成本，实现供给者与需求者之间信息的快速匹配，提高市场效率，数字技术与实体经济融合，有利于提高劳动生产率，优化资源配置效率，促进绿色转型。

表 6-11　数据要素对绿色转型影响的基准回归结果

变量	（1）	（2）	（3）	（4）
	OLS	OLS	FE	FE
Dig	0.641 （0.128）	0.741 （0.189）	2.333 （0.280）	1.344 （0.360）
Inv		0.031 （0.017）		0.064 （0.022）
Urb		-0.010 （0.064）		1.371 （0.240）
Fin		0.008 （0.012）		0.014 （0.023）
Open		-0.553 （0.396）		-0.909 （0.722）
_cons	0.971 （0.015）	0.943 （0.034）	0.544 （0.144）	-0.347 （0.210）
N	2296	2296	2296	2296
R^2	0.011	0.013	0.136	0.152

（2）数据要素对绿色转型影响的影响机制

本节进一步将绿色转型，即绿色全要素生产率分解为绿色效率改善效应与绿色技术进步效应，以探究绿色全要素生产率增长的来源。表 6-12 列（1）和列（2）展示了数据要素对绿色技术效率的影响，由此可以看出数据要素系数均显著为正，这表明数据要素可以通过改善绿色技术效率这一途径来提高绿色全要素生产率。

数字经济发展加强了地区之间以及产业之间的联系，从而加速了数据、资本、技术、劳动力等要素的自由流动，同时数字经济可通过数字产业化与产业数字化来作用于增长，数字技术的深入发展可以优化组织方式与管理制度，进而提高生产效率与资源配置效率，实现产业结构优化升级。表 6-12 列（3）～（4）展示了数据要素对绿色技术进步的影响，由此可以看出，无论是否加入控制变量，数据要素的结果依然显著为正，这表明数据要素可通过促进绿色技术进步来推动绿色转型。数字经济发展有利于促进技术创新，激发科研创新主体积极进行创新型活动，创新主体对知识产权的保护，为创新提供公平公正的环境，进而提高创新效率。

表 6-12　数据要素对绿色转型影响的影响机制

变量	（1）	（2）	（3）	（4）
	GEC	*GEC*	*GTC*	*GTC*
Dig	1.355 （0.500）	1.156 （0.636）	2.024 （0.371）	0.936 （0.472）
Inv		0.319 （0.039）		-0.240 （0.029）
Urb		1.850 （0.424）		-0.209 （0.315）
Fin		0.016 （0.040）		0.013 （0.030）
Open		-1.541 （1.277）		-0.565 （0.947）
_cons	0.574 （0.256）	-1.040 （0.372）	0.640 （0.190）	1.228 （0.276）
N	2296	2296	2296	2296
R^2	0.076	0.109	0.054	0.088

（3）稳健性检验

为保证实证结果的稳定性与可信性，需进行稳健性检验。

①剔除极端值

当样本中某个变量的最大值与最小值之间差异很大时，这些极端值往往会对实证结果造成影响，甚至导致回归结果不准确，考虑到这一因素，本节对样本数据进行 2% 的双侧缩尾。稳健性检验结果见表 6-13 中列（1）与列（2），可知数据要素的估计系数与符号并未发生较大变化，数据要素可以显著促进绿色全要素生产率提高这一结论成立。

②滞后一期

考虑到绿色转型需要一定时间，本节选择将数据要素进行滞后一期处理，将核心解释变量替换为其滞后一期进行回归，结果见表 6-13 中列（3）与列（4），可知结果与基准回归中是一致的，这说明数据要素的确可以推进绿色转型，表明模型的结果是稳健的。

③内生性问题处理

当模型中存在内生性问题时，实证结果会有所偏差，因此需要选取合适的工具变量进行处理。本书借鉴赵涛等（2020）的方法，使用两阶段最小二乘法。此处选取各城市 1984 年邮电数据作为数字经济发展水平的工具变量，由于这项数据为截面数据，因此需要引入一个随时间变化的变量来构造面板工具变量。具体来说，使用上一年全国互联网用户数与 1984 年各城市每万人电话机数量的乘积作为工具变量进行估计，结果如表 6-13 中列（5）与列（6）所示。由此可以发现，在考虑内生性问题之后，数据要素的系数依然显著为正，与基准回归结果一致，因此可证明实证结果的稳健性。

表 6-13　稳健性检验结果

变量	（1）	（2）	（3）	（4）	（5）	（6）
	剔除极端值		滞后一期		工具变量法	
Dig	2.333 （0.280）	1.3444 （0.360）	2.873 （0.589）	1.862 （0.753）	1.051 （0.512）	2.768 （1.403）
控制变量	否	是	否	是	否	是
Urban fixed effect	是	是	是	是	是	是
年份固定效应	否	否	否	否	是	是
Kleibergen-Paaprk					42.193	17.578
LM 统计量					[0.000]	[0.000]
Kleibergen-Paaprk					77.847	23.521
Wald F 统计量					{16.38}	{16.38}
N	2296	2296	2538	2538	1760	1760
R^2	0.136	0.152	0.119	0.197	0.076	0.024

通过以上分析，可以发现数据生产要素有利于促进绿色转型。从影响机制来看，数据要素对绿色技术效率与绿色技术进步的影响均显著为正，这说明数据要素可通过改善绿色技术效率与实现技术进步来推进绿色转型。因此要加快推进数字产业化与产业数字化发展，为数字经济发展与数据要素的自由流动创造良好的政策环境，加快数字基建，来驱动经济的高质量发展。要加强数字经济向第一产业与第二产业渗透，运用数字技术对传统产业进行改造与升级，提高资源配置效率与生产效率，推进绿色转型。

6.5 小结

本章基于2011～2019年中国282个地级市的面板数据对数据生产要素与经济增长关系进行实证研究。结果表明，数据生产要素可以显著促进中国经济增长，并且数据生产要素对经济增长的影响存在一定的门槛作用，当政府效率和市场化水平不断提升跨越门槛值后，数据生产要素对经济增长的促进作用会进一步增强。空间杜宾模型结果表明数据生产要素对经济增长存在显著的空间溢出效应。绿色转型是新发展阶段推动高质量发展的必然要求，本章进一步对数据生产要素与绿色转型的关系进行了研究。结果表明，数据生产要素可以显著促进绿色全要素生产率的提高，且可通过改善技术效率与实现技术进步等机制来推进绿色转型。上述研究为以数据生产要素作为主要动能制定经济增长策略提供了思路。

第 7 章　数据生产要素带来的变革及应用案例

7.1　数据生产要素带来的变革

7.1.1　数据生产要素带来产业结构变革

数据生产要素的广泛使用促进了传统产业向数字化、智能化和服务化转型，形成了新的产业结构格局。数据生产要素具备的低成本、高效率、可复制等特点，克服了传统生产要素耗能高、效率低、不可再生等缺点，在一定程度上可以缓解重工业产业边际效率递减的问题，为产业结构升级提供新的动力源泉。产业数字化可以改变传统产业的生产方式和生产技术，提高产业链循环生产的速度。以煤炭产业为例，数字技术的应用不仅可以促进煤炭绿色安全生产和清洁高效使用，还可以实现煤层气的扩产增储。在信息化技术和数字化创新的双重应用之下，煤炭及其相关产业在开发生产过程中实现了低能耗、低成本、高效率和高附加值，极大地推动了能源产业的转型升级。

在服务业方面，数据生产要素同样发挥了突出的作用。数据要素能够适时地捕捉到服务行业的市场信息，从而实现供需之间的精确匹配。服务部门利用数字经济，及时、全面地向供应方传递信息，推动产品特性及时处理更新，以个性化服务加速数字化与服务业融合。数据要素通过分析消费者需求以及市场份额精确匹配市场服务，不断将消费者诉求与市场相匹配，促进供需平衡及市场的不断运作。服务业数字化转型以数字广告为载体，拓展消费市场；以公共服务为载体，以网络为媒介，以线上线下融合为新的销售渠道，推动了数字经济时代的电子商务发展。

数字经济促进了网络共享，促进了服务产业之间的资源共享。服务业之间利用数字技术解决了企业之间信息不对称问题，实现了服务业闲置资源共享，提高了第三产业的利用效率与资源配置率，从而有效促进整个行业的信息匹配。在数字化技术的持续加持下，服务企业的资讯处理能力趋于智能化、个性化，可以减少服务企业的资讯搜索和获取成本，提高行业效率。利用数码资讯技术，公共事业单位采取一种新型通信方式，如远程办公、线上教育、远程医疗等，大大方便了人们的日常交流和商务谈判。

7.1.2 数据生产要素带来生产方式变革

数据生产要素的应用推动生产方式从“大规模、单一、重复”的传统生产向“定制化、智能化、柔性化”的数字化生产转变。数字技术的应用使产品制造变得更加灵活高效，降低生产成本，促进工业智能化。按照《新帕尔格雷夫经济学大辞典》，生产方式可以定义为“生产力与生产关系的某一具体组合”，本节从生产力和生产关系两方面分析数据生产要素带来的生产方式变革。

（1）生产力的数字化转型

人类社会在从事物质资料生产的过程中要发生两方面关系：一方面，人与自然之间的关系，表现为生产力，是生产的自然属性；另一方面，人与人之间的关系，表现为生产关系，是生产的社会属性。生产力是人类利用自然和改造自然、进行物质资料生产的能力，包括劳动者、劳动资料和劳动对象。运用生产力的三要素分析数字经济时代的生产力，即数字劳动者创造数据生产要素或者运用数据生产要素进行生产的过程。数字劳动具有二重性，一方面，数字劳动的具体劳动生产出商品的使用价值，体现为在生产过程中，产生了类似于流量、点击率、浏览时长等数据指标，这些数据都成为资本家获利的工具，体现了资本家逐利的本质，数字劳动者本身并没有得到最大利益，因此数据产权不明确、数据垄断、数据鸿沟等问题是数字经济时代的潜在风险。另一方面，数字劳动的抽象劳动生产出商品的价值。数字劳动者通过数字技术、数字化加工、处理和使用等活劳动而形成价值，因此，数字经济时代，数据作为新生产要素，构成了生产力数字化转型的基础。同样重要的是，数据在要素数据化转型中发挥桥梁作用，既赋能传统生产要素提高效率，推动传统产业转型升级，又提高了土地、劳动、资本、技术等生产要素的协同效率，促进了全要素生产率的提升，如图 7-1 所示。

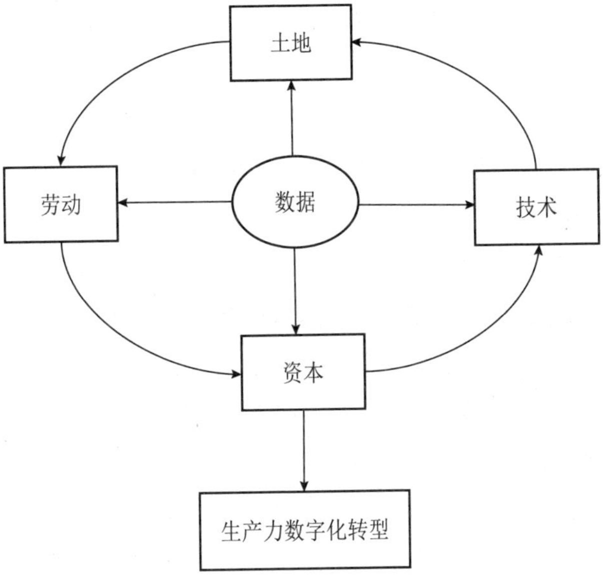

图 7-1　生产力的数字化转型

（2）生产关系的数字化转型

生产关系是人们在物质资料生产过程中形成的社会关系，是生产方式的社会形式，数据生产要素带来的生产关系的变化主要是数字劳动者和数字资本家之间关系的变化。在分析数字劳动下的生产关系之前，必须厘清数据资源和数字资本的区别。数据生产要素是指在数字经济中具有价值的数据，包括结构化数据，如表格、数据库等和非结构化数据，如文本、图像、音频、视频等，可以被收集、存储、处理、分析和应用。数字技术的发展使得数据社会化生产成为可能，产生海量的数据，进而通过算法筛选并运算得到精简、有用、有效的数据，这些数据具备释放巨大价值的潜力，被认为是数字经济时代的一种关键生产要素，即数据资源，但是当"作为数据的数据"转化为"作为资本的数据"，即数据要素资本化时，则体现了资本家和数字劳动者之间剥削和被剥削的关系。马克思主义政治经济学认为，资本具有二重性。一方面，作为生产要素，具有一般性。不同社会经济制度下，只要发展市场经济，都会有资本和资本运动。另一方面，资本体现社会生产关系，具有特殊性，不同社会经济制度下的资本反映了不同的社会生产关系。从一般性来说，数字资本具有增殖性、运动性、返还性、风险性等特点。资本是能带来剩余价值的价值。从资本体现的社会生产关系的特殊性来说，数据资本所带来的生产关系的变化在不同的制度下表现不完全相同，无论是在劳动过程方面还是在劳动成果分配方面，社会主义制度都优于资本主义制度。数据赋能传统生产要素并提高剩余价值形成效率的社会现实，体现出数据资本强大的增殖性，增加全社会总体财富，关键在于财富如何分配。资本主义制度下，数据生产要素并不能使数字劳动者减轻剥削。事实上，数据资本被少数资本家占有，剩余价值又成为后续资本不断再生的源泉，数字劳动反而加重了劳动者的受剥削程度，数字劳动者和数字资本家之间仍横亘一道鸿沟。然而，社会主义国家在抓住发展机遇释放数字红利的基础上，通过对数字资本的引导、限制和规范，规避数字经济可能出现的负面效应，真正为人民群众提供福祉。

（3）生产方式的数字化转型

通过以上关于生产力和生产关系数字化转型的分析可知，数据成为新的生产要素使得生产方式发生了全新的变化。数字化转型过程中，基于数据驱动的业务可持续运营使海量重复的确定性任务自动化，对异常状态实现及时告警，大大精简了业务流程，比如自动化、信息化、数字化、智能化的生产流程，大大减少了资源浪费，提高了生产效率。再者，运用智能分析有利于企业开拓新的市场，数字经济下，信息流通更加便捷，企业能更方便地接触和了解消费者需求，制定更具针对性的市场策略，提高决策水平，通过电子商务和社交媒体等平台，拓展更广阔的销售渠道，实现线上线下双赢。数字经济还为企业提供了丰富的创新工具和技术，如人工智能、大数据分析等，推动企业实现产品和服务创新。

7.1.3 数据生产要素带来消费模式变革

数据成为生产要素将驱使人们的消费模式发生改变。数字经济时代，数据的共享特征正掀起消费革命，而消费模式的改变亦符合人类可持续发展的要求。实现可持续发展必然要求有与之相适应的生活方式，消费方式是生活方式的重要组成部分，创新消费模式不仅是顺应时代发展潮流的现实选择，也是迫于现有消费模式发展状况的内在诉求。数据要素将带来消费模式的重大创新。数字经济背景下，本节将从以下三方面对消费模式变革的推动因素进行分析。

首先，经济新常态下，转型和发展是中国经济面临的现实选择。只有切实实现转型和发展，才能顺利度过新常态，实现经济的可持续发展。数字经济作为一种新的经济形态，可产生新的经济增长源。此时的消费需求亦发生变化。过去，消费呈明显的排浪式特征，消费需求没有明显差异，增长速度快，现在消费拉开差距，个性化、多样化消费渐成主流。我国人口众多，收入水平提高，充分释放新常态下的消费潜力，创新消费模式可使消费继续发挥拉动经济增长的基础性作用。其次，产能过剩是中国经济的一大威胁。一方面，中国普遍存在产能过剩问题，另一方面，中国存在严峻的资源压力。这种看似矛盾的问题实则源于资源的不充分利用。数字经济下，资源的共享特征可以在一定程度上解决这个问题，所有产能过剩也是驱动消费模式变革的一个现实原因。最后，云计算、大数据、互联网与智能终端这四种力量的聚合为共享经济的产生提供了技术条件。共享经济模式的主要特点是通过一个由第三方创建的、以信息技术为基础的市场平台，实现个体之间直接的商品与服务交换。云计算、大数据、移动互联技术的快速发展为共享经济的诞生提供了沃土。共享不仅使消费者共享物品成为可能，而且大大降低了交易的信息成本，减少了信息不对称，提高了交易效率，也提高了资源配置效率。

基于以上分析，本节将生产者、消费者、市场纳入同一框架进行分析，揭示消费过程中各参与主体以及各环节之间的内在联系，以及传统消费模式向新型消费模式的动态演进。传统消费模式中参与主体相对简单，即由生产者、市场、消费者三者组成，消费过程也简单，即商品通过市场中介从生产者手中最终到达消费者手中，如图 7-2 所示。

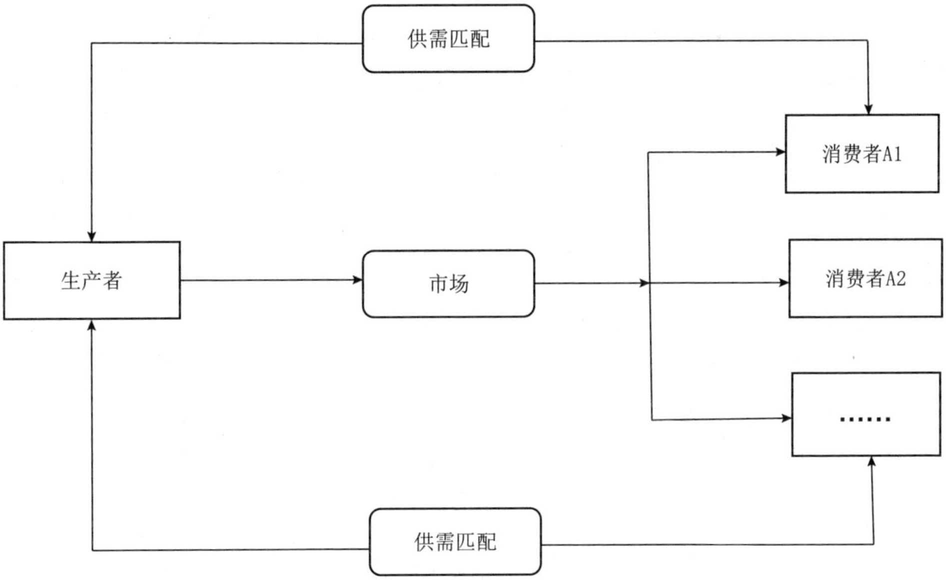

图 7–2　传统消费模式

数字经济时代下的新型消费模式的参与主体不再是简单的生产者和消费者，消费过程需要投资人、创业者、第三方平台、生产者、消费者的高速联动，具体来说，涉及生产者与消费者关系、投资人和创业者关系、创业者和第三方平台关系等，在这样一张错综复杂、庞大立体的网络交易中，发生交易的点很多。因此，新型消费模式不是简单的生产者和消费者发生关系，而是多个交易主体参与其中，除了直接的消费本身外，还有延伸服务的发生，如图 7-3 所示。

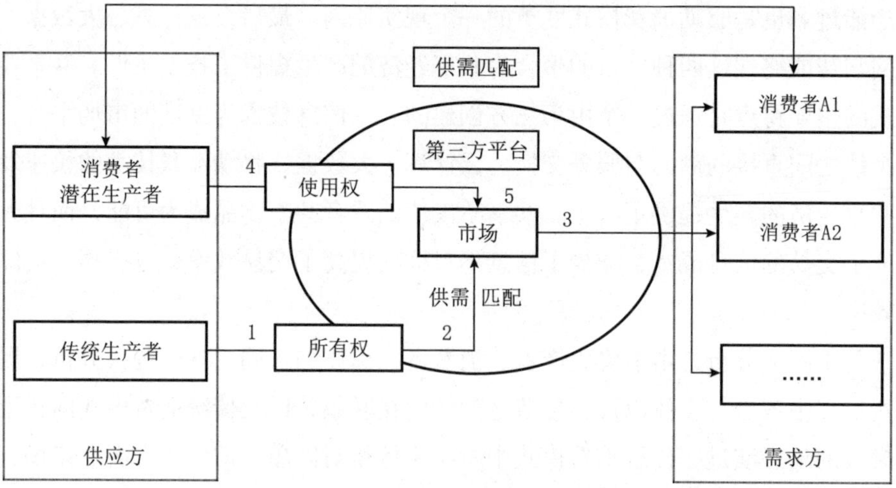

图 7-3　数字经济下的新型消费模式

传统消费模式下，生产者生产出产品，供需匹配，通过市场最终到达消费者手中，产品的所有权也相应转移，即 1→2→3 这个流程。新型消费模式中，消费者是最活跃的因素，可以最大限度地将自己对产品的需求意愿反映在产品生产中，生产者根据需求生产适销对路的产品，从这个意义上说，每个消费者都是潜在的生产者，消费者从整个消费过程的链条末端提升到了前端，并且在数字经济下，产品从生产者转移到消费者手里，更多的是转移了使用权而非所有权，消费者在选择消费对象时，并非购买全新的产品，更多的是别人使用过的闲置资源，极大提高了资源的使用率。产品经过 4→5→3 的流程到达消费者手中，需要注意的是，供需匹配的产品流入市场时，通过数字经济平台，可使产品供给方和需求方有效对接，大大提高了消费效率。

综合以上分析，我们可以将数字经济下的新型消费模式概括为以下三方面。

（1）消费的效率更高

人们使用任何产品都是为了更好地更方便地达到自己的目的。消费同样如此。传统消费方式下，买卖双方关系是线性的，交易完成，买卖双方就不会有联系。共享经济下的消费交易是网状的，除了买卖双方外，还有其他个体加入进来，还可能会发生社交、角色转换，各方关系是个动态平衡的过程。共享经济下，人们只需通过手机就能迅速寻找自己所需要的资源，消费过程简化，使我们的生活变得非常方便。通过互联网平台，消费者有针对性地选择自己需要的商品，可以有效地将消费者的需求反映内部化，表达了消费者的消费意愿，从而避免了供给脱离实际需求的困局。供给方针对需求方的个性需求，可以加大个性化、多样化的新型消费供给力度，有效提升消费供给质量，满足消费者对产品或服务标准要求不断提高的需求，最大限度地释放出潜在的消费需求。可见，通过信息技术平台，买卖双方有效对接，不但可以使需求方以更低的价格完成消费，还可以为所有者带来货币收益，并且在此过程中，将闲置资源重新利用，解决了资源浪费问题，极大地提高了消费的综合效率。另外，消费品也可以是无形的技术和服务，共享先进技术可以提高产品的科技含量，实现节能降耗，解决结构性产能过剩问题。

（2）消费的能力更强

数字经济时代下，闲置的过剩资源实现了共享，产品流通成本较低，从而提供的产品的价格就较低。在相同的名义收入水平下，较低的产品价格使得需求方的购买力提高，从而增加需求。尤其是在经济形势不景气时，消费者减少对昂贵商品的购买，共享成为一个主流消费理念。目前共享应用最多的领域是服务业。基于互联网的共享功能已经大大改变了不少服务行业的格局，比如教育业、租赁业、医疗业、家政业等，相对传统行业，它们具有无法比拟的优势，可以优化资源配置，提高资源利用率，创造更加灵活的就业。

（3）消费的追求更高

消费需求的产生是受很多因素综合影响的，如生理因素、外界刺激等，而在数字经济时代下，引发消费需求的一个重要因素是精神需求，这是新型消费模式与传统消费模式的一个明显差别。精神需求在数字经济时代下的消费需求因素中起主导作用。随着社会文化和精神文明的发展，人们的需求层次逐步提高，从马斯洛需求层次理论中最低级的生理需要阶段，上升到精神层面自我实现的心理需求阶段。所以，精神需求的满足成为数字经济时代下消费需求的一个典型特征，人们在消费产品时，更加注重消费过程所带来的体验，即经验、发现、惊喜、亲密、沉浸等情感上的愉悦和满足。消费者从注重产品本身转移到注重接受产品时的感受。数字经济时代的消费者不仅关注得到的是怎样的产品，更关注在哪里得到和如何得到，也就是说，相对结果来说，消费者更重视消费过程。

7.2 风险

数据要素作为经济发展的新引擎，学界对其作用机制、市场化配置规律等的认识还处于探索期，数据的产权界定、市场配置机制、安全保护等方面仍存在许多短板亟待突破，可能在多个维度给社会发展带来潜在风险和挑战。数据生产要素风险的识别、判断和权衡问题是数字经济治理的重点，只有统筹好“发展”与“安全”，筑牢数字安全屏障，既防范安全风险，又防范发展受阻的风险，才能有效促进经济增长。

7.2.1 数据产权不清晰阻碍数字经济发展

数据作为数字经济时代最重要的生产要素，为稳定经济增长提供了强大动力，同时也成为数字经济加速发展的“神器”和“密码”。随着数据生产要素作用的凸显，数据滥用、数据侵权问题频频出现，出现这种现象主要是数据权属界定模糊所致。数据要素产权比传统要素更复杂，由于数据要素涉及多个主体，传统要素的产权划分方法和原则显然已不适用于数据生产要素。数据生产要素权属困境源于数据的特殊性质。数据要素的使用不仅涉及对原始数据的收集，更需要对原始数据进行处理和分析，使原始数据变为能够提供价值的生产要素，在此过程中数据要素的产权在原始数据提供者、数据要素生产者、数据要素使用者三者之间难以有清晰的界限和界定方法，也就无法按市场贡献分配收益，无法实现数据要素在各个部门间的合理配置。从内在价值角度看，数据是对客观事物进行记录并可以鉴别的符号，可以承载信息、知识，也可以承载个人隐私、商业秘密，涉及财产权、支配权、收益权、受保护权等多项权利，而数据往往具有伴生性和多方参与性，因而涉及的多种权利又是来源于或从属于多个主体，即数据生产要素权利主体具有多元化特征，由于滥用数据导致的用户隐私泄露等数据安全问题也就无法有效地追根溯源，对数据生产要素提供者进行利益补偿，并注意保护原始数据主体的隐私，是数据要素价值化健康发展的必要条件。随着数据要素相关产业的不断发展壮大，数据源垄断、产业潜力挖掘不充分问题引发了人们对数字经济红利的质疑，归根结底，还是大数据资产的产权边界尚未清晰界定所导致。在全球数据隐私保护日趋严格的趋势下，数据产权不清晰会导致纠纷更加频繁，这些问题都会阻碍数字经济的发展，要妥善解决这些问题，界定数据产权很有必要，数据产权界定不清会导致与之相关的数据流通、数据交易等制度缺乏基础，不能为数据要素市场的自由流通提供有效的制度支撑。可以说，数据产权不清晰成为数据要素市场化配置及数字经济健康发展的一大制约因素。

7.2.2　数据垄断可能拉大经济发展的差距

随着互联网的迅速发展，我国涌现出一批互联网平台，这些平台基于互联网办公、购物、社交、娱乐等活动，产生了大量的数据要素，同时，依托于先进的信息技术，基于“泛在连接”“智能感知”的机器设备会进一步释放更多数据资源。数据生产要素的广泛运用，催生新的经济形态，能够促进经济增长，然而正如前述分析，数据要素依托于数字化基础设施和数据收集、处理能力，我国的数字化基础设施仍然存在突出的不平衡不充分发展的问题，区域间数字化基础设施和数字经济发展水平存在较大差异，因而基于数据生产要素带来的经济增长程度存在区域差异，潜在的数字鸿沟风险将导致经济发展差距拉大，数据要素丰富的地区、行业、群体受益于数据要素对经济增长的贡献，可以获得更多经济增长动能和机会，相比之下，数据要素相对缺乏的地区，在数字经济背景下，经济增长效率会降低。

数据产权不清晰还可能引发数据垄断，这是数字经济发展中的潜在风险之一。在数字经济发展过程中，有能力掌握和使用海量数据信息的互联网巨头，基于数据、算法、算力、平台连接范围、承载的信息、提供的功能等，在市场竞争中处于绝对优势地位，更容易获得资源和利润，俨然成为财富的垄断者，甚至出现“二选一”“大数据杀熟”等垄断与恶性竞争行为，形成了行业内的头部垄断。与此同时，数字金融工具的使用进一步加速了优势企业对市场份额的扩张和对小企业的排挤，财富越来越集中于少数垄断企业。作为数据生产者的个人，却没有因此得到任何收益，还面临着诸如隐私泄露、权益受损等问题；对于中小微企业来说，因无法与掌握海量数据的大平台、大企业竞争而阻碍了其数字化进程；作为数据的产生地，地方政府同样面临数据监管难、产业数字化难、GDP 外流等问题。再从劳动者个体来看，数据生产要素赋予了马克思劳动价值论新的内涵，体现了当代劳动领域的新特征，诠释了数字经济带来的经济改革及其对劳动市场的重塑。数字劳动被证明是马克思主义生产性劳动，主要是因为它虽然表现为无酬的“产消合一者”，实际上仍属于马克思所说的“总体工人”，没有摆脱资本的控制和剥削。另外，数字劳动过程是数字经济背景下剩余价值生产的方式，体现了剩余价值理论的新发展。与以往劳动过程不同的是，它的生产资料增加了数据，数据作为重要的生产要素被纳入价值生产过程，数据的资本化和商品化成为价值生产的前提条件。在数字劳动过程中，劳动的范围得以拓展，生产和消费的边界更加模糊，资本剥削的场域得到极大延伸，剥削程度加深且更加隐蔽，这有利于资本积累，但与此同时，劳资关系的内在矛盾也会进一步积累和放大。可见，数据垄断会逐步扩大到社会结构的多个领域，拉大地区间、行业间、企业间、人与人之间的贫富差距。

7.2.3 数据壁垒可能阻碍市场的要素流通

数据可以突破空间界限，增强区域间经济联系，推动各类生产要素和商品的加速流通，促进更强劲的经济增长。但是由前述分析，数据垄断会导致数据资源分配不平等，形成数字壁垒，暗含出现数字鸿沟的风险，这就可能导致市场各类要素流通不畅，进而影响整个经济社会的协同发展。从短期来看，数据壁垒能够使少数掌握大量数据资源的企业获得更多规模效益，减少市场机制进行资源分配的盲目性；但从长期来看，必将增加生产的流通费用，降低流通的现实成效。当大量的数据资源被少数垄断企业占有，囿于固定的流通范围时，可能会由于要素结构性过剩引发资源浪费，而在壁垒内部制定的各种费用形式，又可能会引起“纯粹流通费用的增加”，甚至为经济危机的发生埋下隐患。同时，由于数据要素产权边界不清晰，数据要素的市场化配置表现在数据交易、服务运营、监管等环节机制尚不健全，因而无法保障数据要素的自由流通，限制了数据要素价值化的充分释放。不仅如此，数据要素越来越多地与其他传统生产要素融合发展，由于数据要素的不充分流动会引发其他要素的不充分流动，导致整个要素市场流通不畅，进而影响经济的可持续发展。

7.3 案例

7.3.1 人工智能的机会与变革

数字经济时代，人工智能（Artificial Intelligence，AI）作为数据生产要素的主要应用之一，正引领着全球范围内的技术创新和经济转型。人工智能是模拟和复制人类智能的技术和系统，通过机器学习、深度学习和自然语言处理等技术，使计算机具备感知、理解、推理和决策的能力。数字经济时代，人工智能扮演着重要的角色，它能够从海量的数据中提取有价值的信息，实现智能化的决策支持，提供个性化推荐、智能客服等服务。随着科技的飞速发展，人工智能的应用正以惊人的速度改变我们的生活。其中，ChatGPT 让人机智能交互有了雏形。GPT 是 Generative Pre-trained Transformer（生成式预训练转换器）的缩写，因此，GPT 就是用于处理对话数据的 GPT 模型，其核心技术是基于人工神经网络的自然语言处理技术。ChatGPT“爆火”的原因之一在于它的核心技术功能强大，并且越来越逼近人类自然语言的能力。随着自然语言处理技术的发展，ChatGPT 的理解能力和回答逼真度不断提高，使其成为一种非常实用的工具，对于商业和个人用户来说都具有很大的价值。瑞士银行业巨头瑞银集团的一份报告显示，2023 年 1 月底，ChatGPT 刚推出两个月，其活跃用户数就已突破 1 亿，成为用户增长速度最快的消费级应用程序。根据分析公司 Similarweb 的数据，2023 年 1 月，ChatGPT 平均每天有 1300 万独立访客，这一数据是 2022 年 12 月的 2 倍多。

（1）ChatGPT+ 金融

通过分析大量的金融数据，ChatGPT 可以提供风险评估、信用评分和欺诈检测等服务，改进金融机构的风险管理和客户服务。ChatGPT 在金融领域的应用主要体现在五个方面。

①金融服务

ChatGPT 可以整合到金融服务中，为客户服务、支持和销售提供会话界面。这可以帮助银行、保险公司和其他金融机构提高客户体验和沟通效率。

②投资咨询

ChatGPT 可以用于创建投资咨询聊天机器人，根据个人投资者的财务目标和风险承受能力为他们提供个性化的投资建议。

③风险管理

ChatGPT 可以用于分析财务数据，为风险管理提供建议，帮助金融机构做出明智的决策并减少风险。

④合规监测

ChatGPT 可以用于监测财务交易和通信确保符合法规和规则，确保金融机构在法律允许范围内运营。

⑤财务新闻

ChatGPT 可以用于生成财务新闻、报告和其他内容，帮助记者追踪最新的金融行业动态。

以金融风险管理为例，ChatGPT 可以用于分析大量金融数据并提供建议，帮助金融机构做出明智的决策并减少风险，例如，ChatGPT 可以在金融数据上进行训练，以识别可能产生的风险和发展趋势，然后金融机构就可以参考这些信息做出明智的投资和风险管理决策。此外，ChatGPT 还可以用于实时监控金融交易，对不寻常或潜在风险活动进行标记，以便后续调查，这可以帮助金融机构检测和预防金融犯罪，如洗钱和欺诈等。例如，ChatGPT 可以被训练识别违反合规要求的言论和行为，并在发现违规情况时发出警告。ChatGPT 还可以用于监测金融机构的内部沟通和决策。例如，ChatGPT 可以分析内部电子邮件和聊天记录，以确保员工的行为符合公司的合规政策。总的来说，ChatGPT 的自然语言处理能力使其成为金融合规监测的有价值工具，它可以帮助金融机构确保交易遵守法律法规，保护客户的利益，并确保金融系统的稳定和健康。

（2）ChatGPT+ 教育

教育的历史就是人类的历史，如果对教育历史进行划分的话，迄今为止，人类世界发生过四次教育革命。在家庭单位、团体和部落中向他人学习构成了第一次教育革命。公元前 3500 年 ~ 公元前 2000 年，在美索不达米亚平原、埃及、印度和中国相继出现了城市和文字，新形成的社会需要学习一系列新的知识，新兴文明的复杂性要求一种更系统的教育形式，这与第一次教育革命阶段随时随地传授应用性知识的教育形式迥然不同，出现了学校的制度化教育。第二阶段的教育革命中，教育一直是由具有特权的世俗人士和宗教人士才能享有的。随着印刷术的出现，教材开始被大规模印刷出来，覆盖了不同的学科领域，适合不同年龄段的学生，还适合在学生发展过程中的不同阶段使用，学习者可以更加自由地阅读和学习，而不用受制于必须去大学和学校里才能寻求受教育的机会，因此世俗化、大众化是第三次教育革命的特点。20 世纪 90 年代的计算机，以及 21 世纪的智能触控板，都在一定程度上提升了学习者的学习效果，但是并没有改变教育的基本模式，只是推动了第三次教育革命的部分改进。人工智能的发展带来了第四次教育革命。在人工智能的陪伴下，终身学习成为可能，通过人工智能，每个人都可以随时随地拥有最好和最个性化的教育资源，定制化的教育和学习将逐渐取代传统的教育模式。

以 ChatGPT 为代表的 AI 生成内容（AIGC）对教育产生了重要影响，所以网络上把教师也列为十大容易被人工智能替代的职业之一。不过，笔者不这样认为，因为教师与学生之间的共情以及创新类教育暂时是人工智能无法取代的。但是，AIGC 在教育领域下列应用中也有不可比拟的优势，表现为以下四个方面。

①个性化学习

AIGC 可用于创建定制的教育内容，以适合个别学习者的需求和能力。这有助于学生以适合自己的节奏来学习，并得到与他们具体需求相关的指导。

②提高教育质量

AIGC 可以帮助那些可能缺乏教育资源或无法接受传统教育的人。例如，AI 生成的教科书和教学材料可以提供给偏远地区的人，使他们能够利用高质量的教育资源学习。

③更有效的指导

AIGC 可以用于创建更高效的教学材料，例如，AI 生成的模拟和虚拟环境可以帮助学生更有效的学习和保留信息。

④自动评分和反馈

AIGC 可以用于自动评分和向学生提供及时反馈，这可以帮助教育者节省时间，专注于其他教育领域。

总的来说，AIGC 有可能会改变一些教育模式，使教育更加个性化、更易获取、更加高效。在教育领域，AIGC 应该担任的是人类教师助手的角色，而不是替代人类教师。人类教师在教育过程中的角色仍然至关重要。以在线语言学习平台——多邻国（Duolingo），为例，它就是使用了 GPT-3 来提供法语语法修正功能。多邻国内部的一项研究表明，使用这一功能能够显著提高学习者的第二语言写作技能。另外，Knewton 也是一家为教育机构提供个性化学习解决方案的公司，它使用 GPT 模型来为学生提供个性化学习内容。Querium 是一家为大学生提供 STEM 课程辅导的公司，它使用 GPT 模型来为学生提供实时的疑问解答。

（3）ChatGPT+ 医疗

通过测试发现，ChatGPT 对于医疗问题的回答质量不太稳定，但是，只要掌握了足够的专业医学知识，ChatGPT 就能化身为智能分诊助手、智能导医助手、智能用药助手等，不仅能大大减轻医院的工作负担，而且能为患者提供个性化的服务。ChatGPT 强大的文本理解和生成能力在医疗行业也有用武之地。ChatGPT 非常擅长生成结构化的文本，因而像病历、医嘱等具有固定格式的文档都可以交给它来编写，从而大大减少医生的文本处理工作量。ChatGPT 还可以根据要求改写文本或缩写文本，那么研发人员就可以让它用通俗易懂的语言向患者复述诊疗方案，帮助患者更好地理解，或者为医生快速提供病历的摘要，减少医生阅读病历的时间。此外，ChatGPT 还可以应用于医学影像诊断、疾病预测和个性化治疗等方面，提高医疗诊断的准确性和效率。

总之，人工智能的发展将会重塑各个行业的竞争格局和产业结构，也将对传统工作岗位产生影响和改变。一方面，不适应变革的企业可能面临被淘汰的风险，一些低技能、重复性的工作可能被机器人和自动化系统取代；另一方面，能够充分利用人工智能技术的企业将获得竞争优势，同时，人工智能还能创造新的工作岗位，如数据科学家、机器学习工程师等。人工智能为企业创造了新的商业机会和增长点，正在改变我们的生活方式和经济增长方式。

7.3.2 平台经济

平台经济是数字经济的一种特殊形态，它是指依托于云、网、端等网络基础设施并利用人工智能、大数据分析、区块链等技术工具撮合交易、传输内容、管理流程的新经济模式，是当前数字经济发展的主要呈现形式。平台经济正在深度影响经济结构和竞争格局，不断激发经济发展的创新活力。目前，平台经济主要有三种业态：一是传统服务业进行的平台化改造，比如一些餐饮行业在网上推出的外卖平台；二是传统产业平台化改造后延伸出来的新平台，具有代表性的是在淘宝中诞生的支付宝，支付宝除了满足淘宝的基本支付功能外，还衍生出了更多其他功能；三是完全从互联网中产生的平台，比如各种互联网金融平台等。

常见的数字平台包括电子商务、网络约车、文娱、社交媒体、搜索、数字金融等。

（1）数据

以亚马逊平台为例，亚马逊运营主要依靠数据分析来支撑，分析业绩情况、制订新目标、做账、算利润等，亚马逊依靠用户购买记录等大量数据利用算法进行推荐，提高销售效率。同时，通过对商品销售数据的实时监控，亚马逊能够及时调整库存，降低仓储成本，这都充分展示了数据在优化决策、提高效率方面的重要作用，可以说数据贯穿于亚马逊运营的始终。数据是亚马逊的宝贵资产，也是其面临的最大挑战之一。最大化释放数据的商业价值，应首先将其置于数据安全的前提之下。数字化时代，数据合规是一项复杂而耗时的任务，亚马逊云科技的敏感数据保护解决方案以机器学习和模式匹配为核心技术，通过自动识别敏感数据，帮助企业轻松管理数据，客户不仅可以创建数据目录，还可以定义定制敏感数据类型。这一解决方案提供了中心化的管理平台。客户通过网页应用程序，可以直观地管理其敏感数据资产。亚马逊云科技使数据合规变得更加高效，为企业进一步释放数据的商业价值铺平了道路。提高数据可见性，促进数据安全共享。数据可见性是数据价值实现的前提，然而企业要实现数据安全共享，需要克服许多障碍。亚马逊云科技的数据管理服务 Amazon Data Zone 可以帮助企业构建数据网格，实现数据的共享和治理，通过去中心化的数据所有权，联邦式数据治理以及点对点的数据共享，Amazon Data Zone 使数据的生产者和消费者能够更灵活地管理和访问数据，同时简化了数据治理的复杂性。这项创新性的服务为企业提供了更多机会，可以高效挖掘数据的价值，赋能数据协作，激活第三方数据。数据的价值不仅局限于企业自身的数据，还包括来自第三方的数据。亚马逊云科技的 Amazon Clean Rooms 分析服务允许企业与合作伙伴进行数据协作，同时保护原始数据的安全。这项服务无须将数据迁移到云上，从而最大限度地保护了数据的价值。此外，亚马逊云科技的 Amazon Data Exchange 提供了来自多个提供商的大量公共数据产品，帮助客户轻松查找、订阅和使用第三方数据。企业结合 Amazon EMR Serverless 等分析服务，可以更容易利用第三方数据加速生成式 AI 应用的开发，实现安全数据可操作，提升安全运营效率。与业务数据不同，安全数据对企业的安全合规至关重要。亚马逊云科技的安全数据湖服务 Amazon Security Lake 支持多种安全数据源，包括亚马逊云科技自身的数据以及第三方提供的数据。企业可以将这些数据传输到 Amazon Security Lake 中，转换成符合开放网络安全架构框架的格式，从而更高效进行安全合规分析。此外，该服务与亚马逊云科技的数据分析工具集成，为企业安全团队提供了更多分析工具，加速了威胁检测、调查和事件响应的速度，有力地应对了潜在的安全风险。总之，亚马逊云科技通过一系列创新性的数据分析与安全服务帮助企业实现了数据的保护和价值释放的平衡。

（2）技术

数字技术是推动数字经济发展的关键。比如滴滴出行利用移动互联网和大数据技术，实现了乘客和司机的实时匹配，极大地提高了乘客的出行效率，使出行变得更加便捷、高效，智能路线规划避开拥堵路段，节省出行时间。多种支付方式满足乘客的个性化需求，司机评价系统让乘客为服务质量打分，帮助乘客做出更好的选择。紧急求助功能让顾客遇到问题时随时联系客服，顺风车拼车功能使共同出行的乘客共同分担出行成本。此外，滴滴还利用人工智能技术预测出行需求，进一步优化资源分配。总的来说，滴滴运用的技术可以概括为四种。

①智慧交通

智慧信控系统，高效融合互联网数据及交通工程，为交通管理提效赋能，包含交通大数据平台、交通拥堵分析、安全驾驶分析、潮汐车道、合乘车道、智慧信号灯、交通引导系统、公交调度系统等模块功能。

②滴滴安全

滴滴整合多方资源，借助互联网及大数据技术，对司机和乘客的行程信息进行记录，保证平台订单全程可追溯。警企联动，与公安机关深度合作，共同保障司乘安全。

③人工智能实验室（AI Labs）

该技术主要探索 AI 领域技术难题，重点发力机器学习、自然语言处理、计算机视觉、语音识别、运筹学、统计学等领域的前沿技术研究及应用，积极布局下一代技术，不断提升用户出行效率并且优化出行体验，用技术构建智能出行新生态。滴滴 AI Labs 致力于成为引领全球智能交通的前沿科技实验室，为滴滴开启科学研究新纪元。具体包括：自然语言处理、司乘体验、平台效率、语音交互技术、计算机视觉、智能地图引擎。自然语言处理致力于推进自然语言理解与生成前沿，深耕对话系统与机器翻译等领域，打造滴滴的智能客服系统与贴心出行助手。司乘体验基于出行大数据的人工智能方法提升用户出行体验和服务效率。平台效率用统计学习、增强学习和模拟系统来优化交易和运营策略，并完善智能系统。语音交互技术专注车载领域，高性能语音唤醒、识别、合成、对话理解技术。计算机视觉聚焦光学字符识别、人脸识别、质检、感知、理解、交互等技术，提供出行服务标准质检、出行交通感知理解、智能交互等技术方案。智能地图索引针对滴滴海量实行出行数据和复杂的业务场景需求，研发全新的地图服务吸引，如路径规划、时间预估（ETA）、路况等。

④自动驾驶

滴滴从 2016 年组建自动驾驶技术研发部门，希望通过科技使出行更安全、更高效。这表明，技术可以改变生产和交换方式，提高生产效率。

7.4 小结

本章首先分析了数据生产要素带来的变革。数据生产要素可促进传统产业向数字化、智能化和服务化转型，带来产业结构变革；可推动生产方式从“大规模、单一、重复”的传统生产向“定制化、智能化、柔性化”的数字化生产转变，带来生产方式变革；可创新消费模式，驱使传统消费模式向新型消费模式动态演进，带来消费模式变革。其次，从数据产权不清晰、数据垄断、数据壁垒三个维度研判了数据生产要素给社会带来的潜在风险和挑战。最后，本章以 ChatGPT 和平台经济为例，介绍了数据生产要素的典型应用场景和事例。

7.4 小结

[illegible]

第 8 章　数据生产要素推动经济增长的实现路径

基于上述数据生产要素影响经济增长的机制分析及实证分析结果，发现以数据生产要素作为主要动力驱动我国经济增长过程中的突出梗阻。本部分在充分研判各类风险的基础上，把握数据生产要素促进经济增长的实践要求，分别从以下方面提出对策建议。

8.1　积极发展数字经济，构建数字化治理新架构

8.1.1　加强数字核心技术供给

加强数字核心技术供给，核心技术和应用技术协同攻关，以国家战略需求为导向，瞄准全球数字技术基础前沿领域和关键核心技术重大问题，积聚力量进行原创性引领性数字技术攻关，推动创新链、产业链、资金链、政策链精准对接。

加快数字基础设施建设，着力建设好、应用好、保障好新一代数字基础设施，加快 5G 建设进度，加快打造人机物全面互联的工业互联网，以新基建牵引数字核心技术创新，为经济增长提供数字转型和智能升级的基础支撑。加大集成电路、新型显示、关键软件、新型智能化计算设施等重点领域核心技术创新力度，不断优化产业发展生态，以着力提升基础软硬件、核心电子元器件、关键基础材料和智能制造装备的供给水平为主要抓手，加快推动经济社会数字化转型升级。

8.1.2　推动数据基础设施建设

数据生产要素成为与土地、劳动、资本、技术等并列的生产要素，正逐步融入生产生活的各个环节，成为数字经济时代影响全球竞争的关键战略性资源，数据基础设施建设将为数据生产要素价值的释放提供全方位支撑。如果说传统基建解决了物和人的联结，数据基建则解决了数据的连接、交互和处理。推动数据基

础设施体系化发展，是确保整体设施发挥效能的重要前提。坚持系统观念、统筹协调，从国家战略层面统筹推进数字基础设施建设，实现适度超前布局，优化空间结构、行业结构、供给结构。坚持分类施策，结合数据基础设施主体多元化、形式多样化、运营市场化特点，建立与之相适应的支持方式和发展模式，提升设施发展能级，推动整体设施持续发挥效能。完善国家算力网络布局，立体化推动“东数西算”工程，加快打造8个国家算力枢纽和10个国家数据中心集群建设，稳妥有序推进国家民用空间基础设施、5G、云计算、大数据、人工智能、量子计算等技术的进一步发展和突破，不断提高算力对人工智能、数字经济等的支撑能力，促进数据流通交易和开发利用，为产业升级创造更大的空间，推动形成新产品服务、新生产体系和新商业模式。如表8-1所示，数据基础设施将以数据汇聚、数据处理、数据流通、数据应用、数据运营、数据安全保障六大能力实现数据要素功能。

表8-1 数据基础设施的六大能力

能力类别	数据基础设施要件	实现数据要素功能
数据汇聚	5G、高速光纤、IPv6、下一代互联网、卫星互联网等泛在互联的高速通信网络，物联网、区块链、标识编码和解析等一系列技术	对多元、多维数据进行高效接入、可信登记、精准确权，有效提升数据汇聚环节的广泛性、便捷性、精准性
数据处理	云计算、边缘计算、分布式计算、大数据处理、AI分析、绿色低碳等技术	为参与方提供高效便捷、安全可靠的数据要素存储、计算、分析能力，有效推动数据处理环节实现高效率、低成本、高智能
数据流通	数据空间、隐私计算、区块链、数据脱敏、数据沙箱等技术	实现数据在不同主体间“可用不可见”“可控可计量”，为不同行业、不同地区、不同机构提供可信的数据共享、开放、交易环境，有效提升数据流通环节的安全可靠水平
数据应用	通用化的智能决策、辅助设计、智慧管理等能力	帮助数据应用方优化设计、生产、管理、销售及服务全流程，进一步降低数据应用门槛，提升数字化水平
数据运营	一系列技术工具和规则手段的协同联动	推动数据汇聚、处理、流通、应用、交易等功能有序高效运转，促进数据要素市场的供需精准匹配，保障清算结算、审计监管、争议仲裁等一系列公共服务高质量开展，有效支撑数据要素市场各类资源高效配置
数据安全保障	隐私保护、数据加密、数字身份等技术手段	帮助各参与方建立数据安全保障体系，推动各参与方在数据合规性建设方面形成最佳实践，贯穿数据生命周期全流程，确保数据的可信性、完整性和安全性

资料来源：通信产业网

8.1.3　以数字技术构建区域协同发展网络，加强区域间经济联系

区域协同发展的核心在于增强区域发展的韧性与区域之间的协调性，数字技术可以发挥重要的引擎作用。数字技术创新发展可以提升地区生产力水平，并进一步激发发达地区高质量发展的潜能，提高核心竞争力，实现综合能级跃升，同时，利用数字经济的空间溢出效益，通过产业布局和转移发挥中心地区对周边地区的扩散和辐射效应，提升地区间信息畅通度和市场连接性，赋予邻边资源型地区、生态与农业重要功能区发展新动能，形成发展合力，充分释放比较优势，促进形成优势互补的区域经济布局；通过数字协作，依托“东数西算”工程，加强以数据生产要素为牵引的多种要素的跨区域流动，增强区域之间资源共享和更紧密的经济联系，提高数字产业的集聚力和影响力，深化区域经济合作；通过数据生产要素的跨区域流动延伸产业链、供应链，提升经济体系抗冲击能力，在助力构建强有力国内大循环的同时增强在国际循环中的竞争力；通过数字基础设施和 5G 应用创新，打造“互联网 +”等平台，促进可数字化服务覆盖文化、教育、医疗资源以及商业、金融和技术服务等，提升民生水平。

8.1.4　提升数字化治理能力

运用数字化技术、数字化思维、数字化认知进行政府治理，推动政府数字化、智能化运行，建设市场有效、群众有感的市场环境。以数字化社会、数字政府建设为抓手，深化数字科技创新成果在公共服务、社会治理等领域的应用。加快推进数据资源有序共享，打破部门信息壁垒，加强市场监管，保障公共竞争和维护市场秩序，更好地以政务数据共享促进经济社会发展，服务企业和人民群众。数据要素市场中的参与者众多，交叉关系错综复杂，除了政府之外，企业、非政府组织也是数字化治理的重要主体。对于依托于数字经济发展并壮大的互联网企业来说，不能仅注重盈利，而应该更加积极地履行社会责任。一方面，利用数据流通交易声明和承诺等形式对自身行为进行约束，保护用户的信息安全和隐私，加强信息真实性的维护管理，确保用户能够获得真实的信息，应制定相应的规则和制度，保障用户的合法权益，在享受数字经济红利的同时，积极投身公益事业，通过数据分析为社会的公益事业提供更好的支持和帮助。同时，相关职能部门也应加强对互联网企业的监管，对履行社会责任的企业给予更多政策和经济支持，共同推动数字化治理能力。另一方面，大型互联网企业应主动杜绝其滥用

市场支配地位而导致的垄断行为发生，并应主动承担数据要素的登记和披露义务，提高数据要素交易的透明度，在加强企业自我管理的基础上，推进政企数据的双向流通共享，将更有利于形成数据要素市场治理合力，促进海量高频的数据要素交易有序进行。数据要素市场中参与主体关系错综复杂，单靠政府和企业无法全面解决数字经济中日益复杂的利益矛盾，需要积极稳妥地发展以行业协会为代表的社会力量，使其成为利益表达、利益协调和利益均衡的重要渠道。行业协会是市场经济发展的产物，对内为协会成员服务，规范行业内部的竞争行为，对外同外部同业等进行博弈，保护协会成员的合理合法权益。鼓励符合条件的行业适时成立行业协会，降低准入条件，积极建立行业协会，完善行业协会组织建设，发挥其在政府与企业之间的桥梁纽带作用。同时，通过行业协会促进同行业企业之间的沟通，取长补短，及时了解行业前沿动态，调整企业发展方向，促进健康发展。一方面，数据相关行业协会通过建立数据要素市场信用体系，促进数字企业之间、企业与政府及其他相关机构之间的信息互通，共同监督和惩罚违法违规行为，从而起到规范数据要素市场的作用；另一方面，协会可通过制定行业公约、治理标准等途径引导数字企业自我规范，从而营造有序、协调、高效的数据要素市场环境。

在以政府为引领，企业、社会力量等诸多市场主体共同参与的治理格局下，有效市场与有为政府共同发挥数据治理作用，促进了多元主体由被治理者向治理者转变，不仅能够在很大程度上缓解传统治理方式中的政府压力，而且可以创新治理方式，提高数据要素市场的治理效率和市场运行的有效性。

8.2 健全数据基础性制度

8.2.1 完善数据要素产权制度

数据要素产权比传统要素产权的界定更复杂。产权是生产要素所有制关系的法律表现形式，只有首先明确了产权，数据才能进入要素市场，进行其他权利的交易。2022 年全国政协“推动数字经济持续健康发展”专题协商会明确指出，厘清数据所有权、使用权、运用权、收益权等权利，明确数据产权归属，是数据要素市场化配置的必要前提。考虑对个人数据和非个人数据的所有权、使用权、处置权和收益权进行明确界定，加强数据产权侵权保护和执法，确保各类利益主体的合法权益；探索制定非个人数据产权界定的办法，明确非个人数据在数据产生、流转、交易、处理等过程中的产权边界；完善数据溯源体系，以数据溯源技术实现数据追踪管理，形成以新一代信息技术界定数据产权的操作方法和管理办法；完善个人信息授权制度，既要防止个人信息被过度搜集和泄露，又要使其能够有效流通和使用，平衡各类主体之间的利益。

8.2.2　完善数据安全管理制度

数据安全是数据要素市场健康发展的前提。完善数据安全管理制度对于保护企业核心资产、维护客户隐私、提升企业形象等方面具有重要意义。应进一步细化数据安全立法的相关规定，制定相应的配套实施条例和办法、指南，以明确数据分类分级保护、数据安全风险评估、数据安全应急处置机制等方面的条件、标准和程序，确保数据的安全性；建立完善的数据访问控制机制，对不同级别的人员赋予不同的访问权限，实现数据的精细化管理和控制，同时，定期对权限进行审查和调整，确保权限分配合理、有效；加强数据传输和存储的安全性，采取加密、备份等措施，确保数据不被非法获取、篡改或损坏；创新对数据的监管方式，将数据安全与社会信用体系挂钩，增强监管效果；构建数字经济安全预警监测机制，通过对数据进行严格的区分和甄别，确保数据使用者对其行为承担相应的责任，鼓励合法合规的数据流通，激发数据的创新性再利用；建立数据安全处置机制，明确事件处置流程、责任人和时间要求等，确保在发生数据安全事故时能够及时响应、处置和恢复。

8.2.3　完善数据要素交易制度

针对当前数据要素交易制度存在的数据产权不明确、交易不规范等诸多问题，完善数据交易制度显得尤为重要。数据交易是数据作为生产要素的一项重要使命，公平合理的定价是促进数据交易的重要手段。应综合考虑数据的价值、市场需求、数据治理等多方面因素，制定合理的定价策略，定期对数据进行评估和调整，确保定价的公正性和灵活性；规范数据交易行为，探索数据交易的正面引导清单、负面禁止清单和第三方机构认证评级向结合的数据要素市场准入管理制度，支持引导数据密集型行业平台和企业积极参与数据要素市场交易，促进数据要素的流动性，提高数据获取的便利性；积极开拓国际市场，参与数据跨境流通市场相关国际规则的制定，为我国在全球数字竞争中占据制高点提供有力支持。

另外，市场竞争和创新是推动数据要素交易制度完善的动力源泉。政府应鼓励各类市场主体参与数据交易，形成多元化的市场格局，加强政策引导和资金支持，推动数据交易的研发和应用创新。

8.2.4 完善数据市场治理制度

强化市场治理是数据要素市场健康发展的保障。政府通过立法保护、监管机制、技术支撑、国际合作等方面综合施策，建立一个公正、透明、高效的数据市场治理体系，将有助于数据生产要素的流通和利用，推动数字要素市场健康、有序发展。具体来看，政府应制定和完善数据市场相关法律法规，明确数据市场交易的规则、权利义务和法律责任，加强对数据市场的执法力度，严厉打击非法交易和侵犯行为；建设省级范围内一体化大数据平台，构建数字化统计、分析、监测、评估等系统，完善大数据平台的辅助决策机制，以提升宏观决策和调控水平；构建线上线下无缝衔接的数据要素市场全流程全生命周期监管体系，以明晰的数据产权为基础，确保数据相关主体合理权益，形成多元主体参与、协同共治的数据治理格局，完善市场竞争监管法律法规体系，强化数据要素市场监管和反垄断，防范数据滥用行为。同时，国际合作也是完善数据市场治理制度的重要途径。在全球化背景下，各国的数据市场相互关联、相互影响，因此，各国应加强在数据市场治理方面的合作与交流，共同制定国际性的数据标准和规则，加强跨国监管合作，共同应对数据安全和隐私保护等全球性挑战，推动全球数据市场的健康发展。

8.3 促进数据要素与其他要素深度融合

数据生产要素具有强外部性，能够与其他生产要素不断组合迭代和交叉融合。通过数据要素与劳动、资本、技术等传统生产要素的深度融合，催生新劳动力、新技术、新资本，升级传统要素，优化要素结构，转变经济发展方式。

8.3.1 以数据要素提高劳动生产率

劳动生产率是指劳动者在一定时期内创造的劳动成果与其相适应的劳动消耗量的比值，劳动生产率与经济增长高度相关。数字经济时代，劳动要素的价值发挥突破了地域和时间的限制，通过数字经济的互联互通性突破内部资源有限性与同质性的屏障，实现多方主体自主参与资源共享，提高劳动生产率；通过数据要素赋能劳动生产过程，以数字技术分析生产计划及每个劳动者过去的生产效率及其他数据，也可通过同类劳动力参考数据来分配合适的任务，减少不必要的时间浪费，提高生产效率，同时，企业还可实时获得劳动力生产产品的时间、治理及其他绩效数据，利用数据平台上这些数据信息可对劳动者目前的最佳状态做出判断，并以此为导向进行工作调整。当出现问题时，生产数据记录也能被及时调走，找到问题产生的根源，不断升级更新劳动力必要的工作技能，同时数据要素的导入疏通了劳动力对生产计划及其他关键信息的获取途径，同时也为相关岗位专业提供了工作经验及学习方法，从而有助于劳动力向既有专业技术能力又有组织、合作、计划能力的复合型人才发展，完成就业转型及人机协作双赢；通过自动化生产代替重复性、体力型劳动，使劳动者专注于创造性工作，带来更多效益和产出。

8.3.2　以数据要素提高资本生产率

资本生产率是指将生产活动的总产出与生产过程中资本的使用量相比，以测度资本的生产效率。数据生产要素的引入将大大提高资本的生产效率。第一，优化金融政策，发挥政府引导作用。政府通过财政补贴或税费减免等方式，制定有针对性的政策性贷款或创新项目支持资金，支持实体经济企业开展信息化建设和大数据分析业务；通过设立专项科研基金支持前瞻技术研发，推动大数据和人工智能在产业中的应用；通过制订重点产业数字化提升计划，搭建产业提升平台，推介或引进关键技术、关键机构、关键项目，促进数据与产业相关资源的梯度配置。第二，设立产业基金，构建多元化的投资渠道。通过产业并购基金、知识产权基金和协同创新基金等方式，构建多元化的投融资渠道，运用好资金的刺激引导作用，创新融资形式，把握好具有创新需求的民间中小企业的多元需求，促成创新成果转化与产业化发展。积极调动社会风投资金，围绕资金链条布局，促成一批具有较强研发能力的社会化大数据研究机构，直接向特定行业企业提供数据支持与信息服务。第三，鼓励数据交易，释放企业数据红利。吸引实体经济企业投资，成立国家级产业大数据交易中心，通过股份制方式开展运营，主要承担促进商业数据流通交易、公开数据与商业数据融合应用等职能。数据交易中心作为产业枢纽工程，能够有效促进多源数据流通共享，助力企业发展与经济增长。

8.3.3 以数据要素激发创新发展效率

提高创新发展效率是经济高质量发展的内核。数字经济以技术进步为依托，将创新内化为自身发展动能，通过“连接—数据—融合—创新”的逻辑链条，从万物互联、数据要素、融合发展全方位激发创新发展效率。首先，数字经济以其互通互联的特性为创新效率提高开辟了新空间。数据要素的快速传播性、可共享性、互通互联性使创新主体间的知识共享、交流、思维协作呈现非线性特征，创新形式更加多样，创新过程更加灵活，创新的“知识溢出”效应更加凸显。其次，数据要素为创新效率提高提供了新动能。相较于传统要素，数据要素的非稀缺性、非排他性等特征使得数据要素可以获得更多产出，并且通过与其他要素的融合，也提高了传统要素的生产效率。最后，数字经济催生了新业态新模式，为创新发展效率提高创造了新条件。数字经济通过线上和线下相结合、内容与场景相结合等方式，实现了跨界融合与集成应用，对社会分工模式产生了深刻影响，也为激发创新提供了平台与场景。

8.3.4 以数据要素优化资源配置效率

稀缺性是经济学的核心概念，如何分配稀缺资源是经济学的中心命题。在资源稀缺的前提下，如何在既定投入下使产出最大，便是经济学要解决的基本问题。因而，资源配置效率显得尤为重要。资源配置效率是指以投入要素的最佳组合来生产出“最优的”产品数量组合，无论采用计划配置还是市场配置中的哪种手段，目标都是为了追求最佳要素组合，最高配置效率。数据要素通过大数据链接技术、数字化信息平台的数据分析、数据反馈等功能缓解信息不对称程度，破除了供求双方信息不对称壁垒，增强要素供需匹配；通过数据要素连接赋能实现数据效用倍增，创新资源整合，矫正要素错配，实现资源高效整合与再分配，推动人力资本、知识与技术等要素实现虚拟集聚，实现规模效率的提高。

8.4 促进数字产业化和产业数字化

根据国家局统计局公布的《数字经济及其核心产业统计分类（2021）》中对数字产业化和产业数字化的分类，关注不同产业的技术经济特征，聚焦产业转型、升级，进一步提高产业复杂度和附加值，通过加快推动数字产业化和推进产业数字化转型，优化要素资源配置，提高经济增长效率。

8.4.1　培育大数据产业体系

大数据是指规模庞大、类型多样且难以处理的数据集合。在数据经济时代，大数据具有重要的价值和意义，它可以通过挖掘和分析海量数据，解释隐藏在数据背后的规律和趋势，为企业提供准确的用户需求信息。大数据产业作为数字经济时代的主要产业，为数据生产要素的深度应用和数字经济的发展提供基本支撑，正引领着全球范围内的技术创新和经济转型。

加强数据中心枢纽节点的一体化建设，全面推进工业互联网创新发展工程，巩固大数据产业的发展基础。形成一条完整的大数据全产业链条，其中涵盖了核心业态如数据存储、清洗加工和数据安全，以及关联业态如电子信息制造、软件和信息技术服务，还包括衍生业态如服务外包、呼叫中心、电子商务和大数据金融。推进数据领域新型工业化产业示范基地的高水平建设，持续提升产业集群辐射带动能力，以促进产业的可持续发展。支持办好数博会等重大活动，加强数据交流合作，携手各方推动数据产业高质量发展。加速传统企业向网络化、数字化、智能化方向转型，进一步深化数据与实体经济的深度融合，为实体经济提供个性化的解决方案，覆盖工业、农业、服务业等多个领域。

8.4.2　持续提高数据应用水平，拓展数据应用空间

提高数据要素供给质量。具体而言，需要加强数据采集、整合分析和应用等方面的能力，通过优质的数据要素供给，更好地满足市场需求，提高应用水平；通过建立区域性数据交易场所和行业数据交易平台，促进数据的流通和交易；建立安全可控、弹性包容的数据要素治理制度，构建政府、企业、社会多方协同的治理模式，加强对数据要素的监管，保障数据的安全和合规使用，提高数据生产要素的应用水平；加强对相关人员的培训和管理，为提高数据生产要素应用水平提供人才保障。

加快推进数字化战略实施，促进大数据分析技术的广泛应用。将开发的数据应用推广到实际业务场景中，并持续优化和改进，通过与业务部门的合作和反馈，不断调整和改进数据应用，提高其适应性和实用性；通过收集用户反馈和使用情况数据，对数据进行深入分析和挖掘，不断优化和改进数据应用。推进数据产业的试点示范，构建一个可信、可控、高效的数据空间，支持产品主数据标准

的生态系统建设，促进数据与各行业的深度融合，充分发挥数据的乘数效应和倍增效应。推进商业模式转型升级，以数据为牵引，推动新兴技术、创新产品、创新模式，催生云链服务、智慧旅游、共享经济等新兴业态。为满足客户对于数据内容的应用和交换服务的需求，研发“云链”系列产品，包括云分发、云存储和云聚合等。

8.4.3 培育完善产业生态，促进传统产业转型升级

以数字化赋能，提高商品和服务的供给质量。首先，通过将商品和服务提供在线上平台，打破传统商业的地域限制，扩大销售范围，消费者可以通过网络随时随地购买所需的商品，同时还可以通过在线支付、物流配送等便利服务享受更好的购物体验，数字零售提供了 24 小时不间断的销售渠道。其次，通过使用营销自动化工具、营销分析工具等数字化手段，利用“线下生产 + 线上数据分析”模式，收集和分析消费者的购物行为和偏好，从而提供个性化的推荐和定制服务。这不仅降低了企业成本，还促进了供需在更好水平上实现动态平衡，大大地满足了消费者需求。最后，运用数字化手段推出个性化、差异化的营销策略，通过大数据分析和人工智能技术，推送个性化的商品推荐，以短视频、直播等新兴的营销渠道扩大销售范围和提升宣传效果。

数字技术对传统产业的生产流程进行智能化升级改造。在生产端，数字化生产工具对大规模、标准化、重复性制造环节的生产替代使企业生产速度与质量大幅提升，数字平台对产品全过程的在线质量监测和管理，有助于实现制造效率、质量等级与环保效益的多重提升；在售后服务方面，数字化售后不仅仅使得传统的售后服务内容更加高效，而且可以利用数字化系统更加精准地了解用户需求，帮助企业反向改善或设计服务产品，更好地联络客户，建立长期客户黏性。总之，积极利用数字技术，既能推进企业设计、生产、制造、运输、服务、售后等全流程改革，也有助于推动企业向智能化、高端化、绿色化转型升级，创造新的发展空间。

以数字技术驱动，提高整个产业链条的协作化程度。利用数字技术手段，突破原有组织、技术、时间与地域的限制，以数据流驱动技术流、人才流、信息流，有助于打通企业价值链上下游数据通道，实现跨部门、跨企业、跨行业的资源优化配置，有效解决企业缺资源、缺技术、缺人才、缺方案的难题，促进传统产业联动转型、跨界合作，共同培育行业数字化新生态，缓解传统产业数字化转

型的“阵痛”。以新产业、新业态为载体，将现代数字化、信息化科技优势与传统产业紧密结合，加快布局数字经济应用新领域，以产业为基础，以数字科技为黏合剂、助推剂，加快构建具有智能化、绿色化、融合化特征和符合完整性、先进性、安全性要求的现代化产业体系。

8.5　小结

本章联系前几章的分析，结合中国经济发展现状，从以下方面提出政策建议：加强数字核心技术供给，加强区域间经济联系，提升数字化治理能力发展数字经济，构建数字化治理新架构；完善数据要素产权制度、数据安全管理制度、数据要素交易制度、数据市场治理制度来健全数据基础性制度；促进数据要素与其他要素深度融合，形成数据驱动创新发展新模式；培育大数据产业体系，拓展数据应用空间，培育完善产业生态来促进数字产业化和产业数字化。

8.5 小结

参考文献

[1] Aghion P，and Howitt P.Endogenous Growth Theory[M].Cambridge and London，MIT Press，1998.

[2] Barro R J，Sala-I-Martin X. Economic Growth[M].New York，Social Science Electronic Publishing，2010.

[3] Berchicci L. Towards an Open R&D System：Internal R&D Investment，External Knowledge Acquisition And Innovative Performance [J].Research Policy，2013，42（1）：117-127.

[4] Chenery，Hollis B.Patterns of Industrial Growth [J].The American Economic Review.1960，50（4）：620-654.

[5] Cong L W，Xie D，Zhang L．Knowledge Accumulation，Privacy，and Growth in a Data Economy [J].Management Science，2021，67（10）：6480-6492.

[6] Ezeala-Harrison F，Structural Re-Adjustment in Nigeria：Diagnosis of Severe Dutch Disease Syndrome[J].American Journal of Economics and Sociology，1993，52（2）：193-208.

[7] Feldman M，Hadjimichael T，Kemeny T，et al. The Logic of Economic Development：a Definition And Model for Investment[J]. Environment & Planning，2016，34（1）：5-21.

[8] Hawash R，Lang G.Does the Digital Gap Matter? Estimating the Impact of ICT on Productivity in Developing Countries[J]. Eurasian Economic Review，2020，10（2）：189-209.

[9] Jones，C I，C Tonetti.Nonrivalry And the Economics of Data[J].NBER Working Paper，2020：262-260.

[10] Koch T，Windsperger J. Seeing Through the Network：Competitive Advantage in the Digital Economy[J]. Journal of Organization Design，2017，6（1）：1-30.

[11] Schaefer A，Schiess D，and Wehrli R.Long-term Growth Driven by a Sequence of General Purpose Technologies[J].Economic Modelling，2014（37）：23-31.

[12] Solow R M. A Contribution to the Theory of Economic Growth[J]. The Quarterly Journal of Economic，1956，70（1）：65-94.

[13] Swan T. Economic Growth and Capital Accumulation[J]. Economic Record，1956，（32）：334-361.

[14] Tian S，et al. How Does Industrial Structure Change Impact Carbon Dioxide Emissions? A Comparative Analysis Focusing on Nine Provincial Regions in China[J]. Environmental Science &Policy，2014（37）：243-254.

[15] 亚当・斯密.国民财富的性质和原因的研究[M].北京：商务印书馆，1965.

[16] Say Jean Baptiste.政治经济学概论[M].北京：商务印书馆，1998.

[17] 威廉・配第.赋税论[M].北京：华夏出版社，2006.

[18] 埃里克•弗鲁博顿，鲁德夫•芮切特.新制度经济学——一个交易费用分析范式[M].上海：格致出版社，1970.

[19] 安东尼・塞尔登，奥拉迪梅吉・阿比多耶.第四次教育革命：人工智能如何改变教育[M].北京：机械工业出版社，2019.

[20] Bertil Gotthard Ohlin，地区间贸易与国际贸易[M]，北京：商务印书馆，1986.

[21] Mark Dodgson，Roy Rothwell.创新聚集[M].陈劲，译，北京：清华大学出版社，2000：87.

[22] 马克思.机器、自然力和科学的应用[M].北京：人民出版社，1978：56.

[23] 马克思.资本论（第1卷）[M].北京：人民出版社，2004：208.

[24] 马克思.资本论（第3卷）[M].北京：人民出版社，2004.

[25] 马克思.机器、自然力和科学的应用[M].人民出版社，1978：190.

[26] 约瑟夫•熊彼特.经济发展理论[M].北京：商务印书馆，1990：60-70.

[27] 熊波特.资本主义、社会主义和民主主义[M].北京：商务印书馆，1979：7.

[28] 阿里研究院. 平台经济[M].北京：机械工业出版社，2016.

[29] 欧阳日辉，荆文君.数字经济发展的“中国路径”：典型事实、内在逻辑与策略选择[J].改革，2023（8）：26-41.

[30] 操奇，孟子硕.数据作为生产要素参与分配机制的几个问题[J].福建论坛（人文社会科学版），2020（11）：19-27.

[31] 陈力.数字经济赋能高质量发展研究[J].中共郑州市委党校学报，2023（4）：40-43.

[32] 陈力.数字经济推动高质量发展的内在机理及实践路径探析[J].哈尔滨市委党校学报，2023（5）：22-27.

[33] 陈治，张少华.数字经济、空间溢出与区域创新能力提升——基于中国274座城市数据的异质性研究[J].管理学刊，2023，36（1）.

[34] 程森奇.全面数字化改革视阈下数据生产要素发展历程与展望[J].质量与市场，2022（1）：163-165.

[35] 程筱敏，邹艳芬.我国数字经济发展水平测度及空间溢出效应[J].商业经济研究，2022（23）：189-192.

[36] 崔婷婷. 人力资本、技术创新与中国经济增长[D].上海：上海社会科学院，2023.

[37] 戴双兴.数据要素：主要特征、推动效应及发展路径[J].马克思主义与现实，2020（6）：171-177.

[38] 杜秦川.数据要素影响中国经济增长的初步研究[J].中国物价，2022（1）：37-39.

[39] 杜庆昊.数字产业化和产业数字化的生成逻辑及主要路径[J].经济体制改革，2021（5）：85-91.

[40] 段晓庆.基于生产要素的大数据内生经济增长研究[J].商场现代化，2023（18）：122-124.

[41] 方梓涵. 改革开放以来中国经济增长分析[D].成都：四川大学，2023.

[42] 顾伟忠.数字经济背景下经济增长路径转型研究[D].长春：吉林大学，2021.

[43] 郭克莎.结构优化与经济发展[M].广州：广东经济出版社，2001.

[44] 韩文龙.王凯军.平台经济中数据控制与垄断问题的政治经济学分析[J].当代经济研究，2021（7）：5-15，2，113.

[45] 洪银兴.非劳动生产要素参与收入分配的理论辨析[J].经济学家，2015（4）：5-13.

[46] 洪银兴.完善产权制度和要素市场化配置机制研究[J].中国工业经济，2018（6）：5-14.

[47] 黄鹏，陈靓.数字经济全球化下的世界经济运行机制与规则构建：基于要素流动理论的视角[J].世界经济研究，2021（3）：3-13，134.

[48] 黄再胜. 数字劳动与马克思劳动价值论的当代阐释[C]//上海市社会科学界联合会. "四个自信"：新起点、新思想、新作为——上海市社会科学界第十五届学术年会文集（2017年度）.世纪出版集团，2017：109-123.
[49] 蒋永穆.数据作为生产要素参与分配的现实路径[J].国家治理，2020（31）：43-45.
[50] 蒋永穆，亢勇杰.习近平经济思想对马克思主义政治经济学的坚持和发展[J].社会科学战线，2022（9）：1-12.
[51] 蒋永穆，亢勇杰.数字经济促进共同富裕：内在机理、风险研判与实践要求[J].经济纵横，2022（5）：21-30.
[52] 荆文君，孙宝文.数字经济促进经济高质量发展：一个理论分析框架[J].经济学家，2019（2）：66-73.
[53] 李瑶，李磊，刘俊霞.有为政府、有效市场与高质量发展——基于调节效应和门槛效应的经验研究[J].山西财经大学学报，2022，44（2）：16-30.
[54] 李治国，王杰.数字经济发展、数据要素配置与制造业生产率提升[J].经济学家，2021（10）：41-50.
[55] 李省龙.论马克思主义关于制度的一般理论[J].中国人民大学学报，2003，9（2）：72-75.
[56] 林琦杰.数据要素参与分配的政治经济学研究[D].成都：西南财经大学，2022.
[57] 刘琼.ChatGPT：AI革命[M].北京：华龄出版社，2023.
[58] 梁继.数据生产要素的市场化配置研究[D].北京：北京邮电大学，2022：62-64.
[59] 刘淑春.中国数字经济高质量发展的靶向路径与政策供给[J].经济学家，2019（6）：52-61.
[60] 刘文革，贾卫萍.数据要素提升经济增长的理论机制与效应分析——基于新古典经济学与新结构经济学的对比分析[J].工业技术经济，2022，41（10）：13-23.
[61] 梁琦，肖素萍，李梦欣.数字经济发展、空间外溢与区域创新质量提升——兼论市场化的门槛效应[J].上海经济研究，2021（9）：44-56.
[62] 罗培，王善民，王宇声，等.数据要素市场体系与机制研究[J].中国口岸科学技术，2020（8）：31-36.
[63] 宁楠，惠宁.数字经济与文化产业高质量发展——基于新发展理念视角的分

析[J].统计与决策，2023，39（18）：16-21.
[64] 牛凯功，黄再胜.政治经济学视角下数据作为生产要素参与分配的研究综述[J].党政干部学刊，2021（6）：61-68.
[65] 裴长洪，倪江飞.论习近平新时代中国特色社会主义经济思想的主题[J].财贸经济，2019，40（12）：5-19.
[66] 戚聿东，刘欢欢.数字经济下数据的生产要素属性及其市场化配置机制研究[J].经济纵横，2020（11）：63-76，2.
[67] 乔晓楠，郗艳萍.数字经济与资本主义生产方式的重塑——一个政治经济学的视角[J].当代经济研究，2019（5）：5-15，113.
[68] 任保平.数字经济背景下增长要素扩展驱动我国经济增长模式的转型[J].经济与管理评论，2023（1）：6-8.
[69] 任保平，李婧瑜.数据成为新生产要素的政治经济学阐释[J].当代经济研究，2023（11）：5-17.
[70] 宋冬林，孙尚斌，范欣.数据成为现代生产要素的政治经济学分析[J].经济学家，2021（7）：35-44.
[71] 宋洋.经济发展质量理论视角下的数字经济与高质量发展[J].贵州社会科学，2019（11）：102-108.
[72] 孙辰朔.筑牢数字安全屏障，增强数字经济发展韧性[N/OL].光明网，2022-07-14.https：//m.gmw.cn/baijia/2022-07/14/35883332.html.
[73] 孙辰朔，林志杰.推动人工智能创新与治理协同发展[N].光明日报，2023-05-15（002）.
[74] 王宝珠，王朝科.数据生产要素的政治经济学分析——兼论基于数据要素权利的共同富裕实现机制[J].南京大学学报（哲学·人文科学·社会科学），2022（5）：21-36.
[75] 王建冬，童楠楠.数字经济背景下数据与其他生产要素的协同联动机制研究[J].电子政务，2020（3）：22-31.
[76] 王娟.高质量发展背景下的新就业形态：内涵、影响及发展对策[J].学术交流，2019（3）：131-141.
[77] 王凯军.数据要素的产权分析与治理机制[D].成都：西南财经大学，2023：68-72.
[78] 王磊.推进数据要素市场化配置：瓶颈制约与思路对策[J].中国经贸导刊，

2019（24）：34-37.

[79] 王小鲁，樊纲，胡李鹏.中国分省份市场化指数报告（2018）[M].北京：社会科学文献出版社，2019.

[80] 王一雯.如何认识数据作为生产要素的经济价值[J].中国外资，2021（18）：30-31.

[81] 王亚丽.主导要素转换对资源型城市经济增长的作用研究[D].太原：山西财经大学，2018.

[82] 王亚丽，张丽丽.产业政策有效发挥作用的路径探究——基于美国、德国鲁尔区的经验借鉴[J].中国市场，2019（20）：52-53.

[83] 王亚丽.关于共享经济下消费模式创新问题的若干思考[J].山西财政税务专科学校学报，2016，18（5）：42-46.

[84] 王亚丽.供给侧改革视角下的共享经济[J].改革与战略，2016，32（7）：87-90.

[85] 王亚丽.新冠肺炎疫情视角下的经济全球化：风险、趋势及治理[J].经济论坛，2021（1）：56-64.

[86] 王怡倩，王亚丽.山西省新兴产业布局影响因素研究[J].山西财税，2021（12）：41-43.

[87] 王园园，王亚丽.数字经济能否促进产业结构转型？——兼论有效市场和有为政府[J].经济问题，2023（3）：35-44.

[88] 吴欢，卢黎歌.数字劳动与大数据社会条件下马克思劳动价值论的继承与创新[J].学术论坛，2016，39（12）：7-11.

[89] 谢康，吴瑶，肖静华.生产方式数字化转型与适应性创新——数字经济的创新逻辑（五）[J].北京交通大学学报（社会科学版），2021，20（1）：1-10.

[90] 徐翔.有效提升数字经济治理能力[J].经济，2021（12）：64-67.

[91] 徐翔，赵墨非.数据资本与经济增长路径[J].经济研究，2020，55（10）：38-54.

[92] 许士道，江静.创业活力、创新能力与城市经济发展效率——基于283个地级市数据的实证检验[J].山西财经大学学报，2021，43（3）：1-13.

[93] 杨俊，李小明，黄守军.大数据、技术进步与经济增长——大数据作为生产要素的一个内生增长理论[J].经济研究，2022，57（4）：103-119.

[94] 张存刚，韩浩星.数据要素在经济发展中的作用及商品属性探析[J].社科纵

横，2021，36（6）：64-68.

[95] 张会平，马太平.政府数据市场化配置：概念内涵、方式探索与创新进路[J].电子科技大学学报（社科版），2022，24（5）：1-8，17.

[96] 张鸿，王帅.以数字科技创新为引领　推动经济社会高质量发展[N].陕西日报，2020-12-04（006）.

[97] 张勋，谭莹.数字经济背景下大国的经济增长机制研究[J].湖南师范大学社会科学学报，2019，48（6）：27-36.

[98] 赵涛，张智，梁上坤.数字经济、创业活跃度与高质量发展——来自中国城市的经验证据[J].管理世界，2020，36（10）：65-76.

[99]《中共中央关于坚持和完善中国特色社会主义制度、推进国家治理体系和治理能力现代化若干重大问题的决定[N].人民日报，2019-11-6.

[100] 中共中央国务院关于构建更加完善的要素市场化配置体制机制的意见[N].人民日报，2020-4-10.

[101] 钟文，郑明贵，钟昌标.数字经济、空间溢出与区域发展差距：理论与实证[J].阅江学刊，2022，14（6）.

[102] 庄子银.数据的经济价值及其合理参与分配的建议[J].国家治理，2020（16）：41-45.

后　记

本书收笔之时，不禁感慨良多。作为一名大学教师和社会科学研究工作者，注定了要不断面对青春的面孔，不断汲取新的知识，因为在大学校园里，青春一直在，对知识的渴望一直在，这将激励我时刻关注理论前沿，关心国家发展，把经典的经济理论和前沿的政策资讯带到大学课堂，跟学生们一起探讨经济学问题，溯源经济学原理，以缜密的经济学思维和逻辑分析当今经济现象。本书正是在当今数字经济背景下，本人教学、科研所感所得。在大学校园里，在经济学领域深耕是我的本职工作，更是我期待未来的理由，它使我能够在不惑之年依然保持一颗朝气蓬勃的心。热爱可抵岁月漫长，温柔可挡艰难时光。大学是一方净土，既是培养人才的摇篮，也是科研创新的阵地。在这里，我得以沉下心来学、静下心来思、稳下心来干，在自己的科研领域发光发热。

写作的过程是磨炼的过程，是成长的过程，也是感受生命的过程。春有百花秋有月，夏有凉风冬有雪，时间的车轮推着我风风火火地朝前走着，以至于让我忽略了这人世间最珍贵的东西。山川河流，日月星辰，是大自然的馈赠，是生命的赐予，她的美却往往因为唾手可得让人熟视无睹。或许，林中有两条路，我们只能走一条，怀念着另一条；或许，我们必须一边躯壳喂日常，一边灵魂补岁月，然而，只要在这漫长而又短暂的学术历程中，能成文一些自己的观点，提出一点拙见，那么我将在回顾职业生涯时，声称自己不枉为一名社会科学工作者。

本书的完成得到了众多同仁的帮助。首先，我要感谢我的恩师。作为我的硕导，山西财经大学周新生教授是我科研的启蒙老师。“桃李春风，师恩难忘”。

记得刚读研一的时候，我还是一个科研小白，学习方法和能力还停留在本科阶段，对于科研感到很迷茫，无从下手。周老师引领我加入他的科研项目和团队中，定期开展科研讨论，在一次又一次答疑解惑中，我的科研能力得到了提升。有人说，科研是孤独者对梦想的追求。但是，在这里，我并不孤独，在我困惑时，总有人指引迷途，感谢周老师。科研虽然过程是艰苦的，但是成功的瞬间是惊喜的。回首看，难忘的是师恩浩荡，难忘的是岁月温婉。周老师不仅是我学习上的导师，还是我人生的榜样。每当我情绪低落时，周老师总是以他积极的生活热情感染我，跟我分享他对于工作、生活的感悟，帮助我树立正确的价值观，这种潜移默化的影响时至今日依然在我的生活中发挥着作用。

到了博士阶段，我有幸追随李玲娥教授继续从事科学研究工作。李老师工作繁忙，仍治学严谨、诲人不倦。在我读博期间，她严格要求我们读文献，汇报科研进展，参加学术会议，引领我们密切关注学术前沿，对我科研思路的拓展和良好习惯的养成影响深刻。李老师教会了我科学的真谛和奋斗的价值。“板凳要坐十年冷，文章不写半句空”，李老师多次告诫我，做科研不能急于求成，一定要精耕细作，才能在自己的研究领域有所建树。正是在李老师的谆谆教诲之下，我严格要求自己，主动承担科研项目，掌握科研技能和工具，为我今后的科研工作奠定了坚实的能力基础。本书的选题、研究方法正是启发于李老师的教导而形成。两位老师严谨的工作态度、深厚的理论功底、平易近人的人格魅力，是我终生学习的榜样。

同时我要感谢工作单位太原师范学院经济与管理学院院长闫二旺、副院长李博、程小燕对本人写作本书给予的支持，感谢学院领导对我的培养，感谢同事们的关爱与包容。为了支持我们的科研工作，院领导多次邀请国内相关领域专家为我们作学术报告，举办学术沙龙，了解教师科研需求，及时予以帮助。感谢山西省社会科学院能源所副所长姚婷、太原师范学院刘雪晨博士等诸位专家好友，她们在本书写作过程中基于各自的研究领域提供了建设性的指导和帮助，为本书增添了独特的价值，使本书的观点更加准确和有说服力。

此外，特别感谢家人对我生活上的照顾和帮助，使我毫无后顾之忧地投入本书的写作中。感谢父母用爱滋养我长大，让我始终善良，心怀感恩，不言放弃，在学习的道路上一路前行；感谢公婆对我幼子的照顾，数年如一日地接送孩子，一日三餐，让我得以抽离于生活琐事，心无旁骛，潜心写作；感谢我的爱人对我精神上的莫大支持，让我可以听从于内心，做自己想做的事；感谢我的一双儿女，他们乖巧懂事，茁壮成长，他们是我的光，是我所有动力的源泉。

我还要感谢所有匿名审稿人和编辑团队。他们对本书提出的宝贵意见和建议，使我能够不断改进和完善我的写作。他们的专业精神和严谨态度，让我深刻体会到写作的严谨性和责任感，没有他们的审查和指导，本书将无法顺利出版。

再次感谢大家！没有你们的支持和鼓励，本著作将无法完成。愿我们共同努力，为社会科学的发展和繁荣做出更多的贡献！

王亚丽

2024 年 5 月